AF533852

Der
COCO-LOOK

Der COCO-LOOK

ZEITLOSE STYLING-TIPPS VON COCO CHANEL

HANNAH ROGERS

Unofficial and unauthorised

PRESTEL

MÜNCHEN · LONDON · NEW YORK

Einle

tung

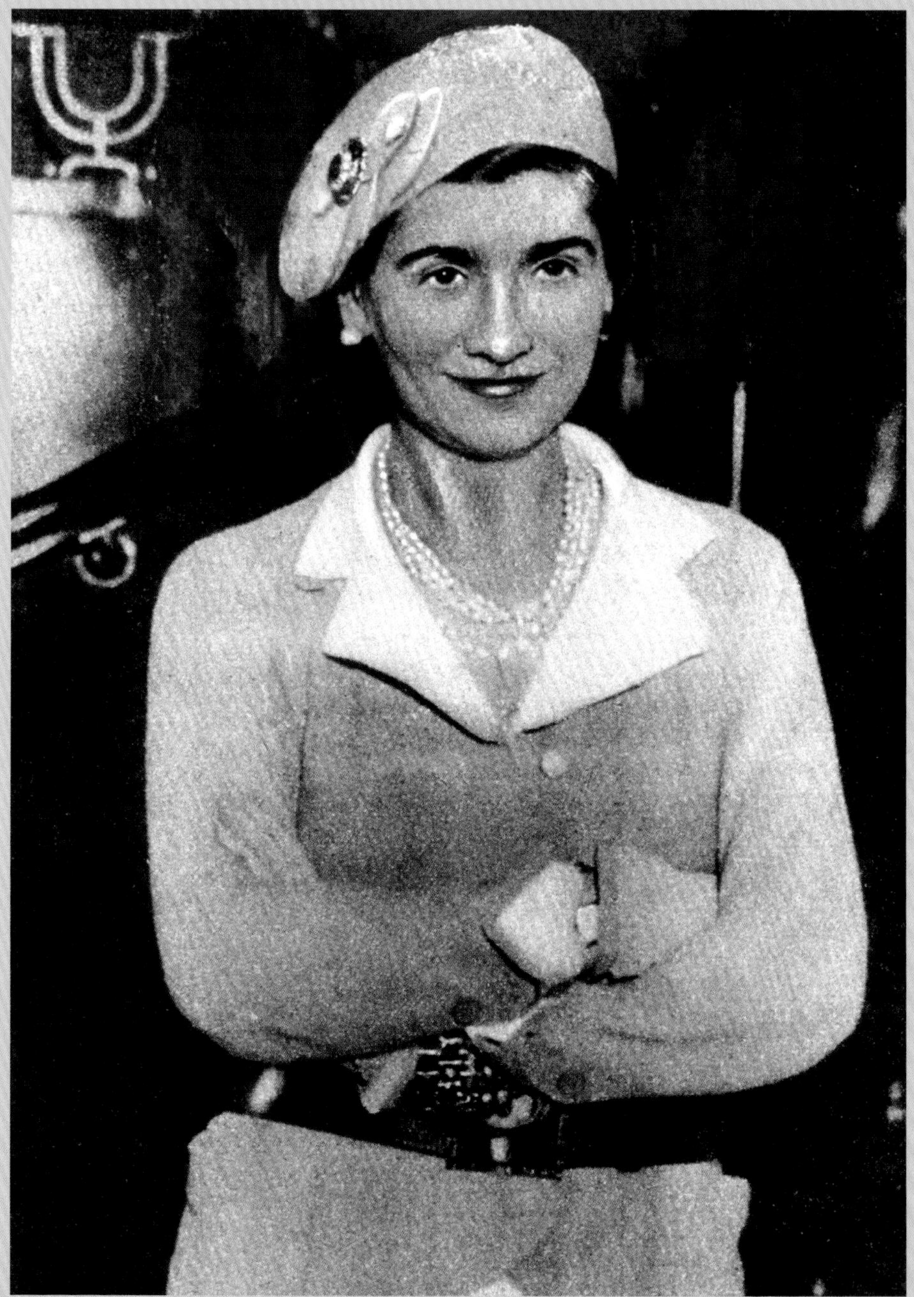

Chanel.

Kaum ein Modelabel auf der Welt ist bekannter oder begehrter. Der Name ist sogar absoluten Laien ein Begriff, und viele sehen im Logo mit dem Doppel-C ein glamouröses Sinnbild für die gesamte Branche. Doch was wissen wir wirklich über die Frau hinter diesem Symbol? Wie sind ihre grundlegenden Stilregeln entstanden?

Dieses Buch versucht, darauf Antworten zu finden. Keinesfalls geht es hier um eine umfassende Geschichte oder Biografie von Coco Chanel. Vielmehr möchten wir einen genaueren Blick auf ihre berühmtesten Kreationen werfen – die zu ihrer Zeit die Mode für Frauen revolutionierten – und zehn Grundsätze herausarbeiten, die auf einen zeitgemäßen Kleidungsstil übertragbar sind.

Im Zusammenspiel ergeben sie den Kerngedanken von Chanel: Frauenmode sollte ebenso tragbar wie schön sein. Sie sollte Positives verstärken, nicht behindern. Befreien, nicht einschränken. Jedes Kapitel bietet einen anderen Blickwinkel darauf, wie uns diese Philosophie inspirieren kann und wie wir sie in die Praxis umsetzen können.

Psychologisch wurzelt sie in der Kindheit der Modeschöpferin. Gabrielle Bonheur (später „Coco“) Chanel, kreativer Geist hinter einigen der teuersten Parfums, Kleider und Accessoires der Welt, beginnt ihr Leben nicht in Saus und Braus, sondern in Armut und Elend. Sie wird am 19. August 1883 in einem französischen Armenhaus als Tochter einfacher Händler geboren. Im Alter von elf Jahren ist sie bereits auf sich allein gestellt: Ihr Vater, Hausierer und Schürzenjäger, lässt sie nach dem Tod ihrer Mutter im Stich und schickt sie in ein von Nonnen geführtes Waisenhaus.

Märchenhaft ist diese Kindheit nicht. Doch sie prägt Chanels Sicht auf das Leben und die Kleider, die Frauen tragen sollten, um sich darin zu behaupten: elegant, aber praktisch, schlicht, aber wirkungsvoll. Coco Chanel hätte dies später nur ungern zugegeben. Fragen über ihr frühes Leben beantwortete sie sehr ausweichend.

Biografen und Journalisten hatten Mühe, Wahres von Erfundenem zu unterscheiden, da sich ihre Geschichten ständig änderten. Sie hielt die Wahrheit über ihre Kindheit im Dunkeln, Details über ihre Affären und Beziehungen im Unscharfen. So gesehen war es vielleicht unvermeidlich, dass sie Modemacherin wurde: eine Frau, die die Macht hat, Träume in Kleider zu nähen.

Erst setzte Chanel ihren Stil ein, um sich abzugrenzen, dann eroberte sie damit die Welt. In einer Zeit, als Frauen Korsette und sperrige Reifenröcke trugen, bevorzugte sie Hosen und lässige, maßgeschneiderte Jacketts – und machte sie salonfähig. Für viele ihrer ikonischen Kleidungsstücke fand sie Inspiration in der Garderobe ihrer Liebhaber, deren Geradlinigkeit und Bequemlichkeit sie schätzte. Sie fand, dass offen zur Schau gestellte teure Dinge nicht zu ihr passten. Das spiegelte sich in ihren minimalistischen Designs wider: Chanel entwarf monochrome, schlichte Kleider, unprätentiöse Schuhe und Handtaschen, die man am Körper trug, statt sie wie Kleinodien in der Hand zu halten. Diese Haltung und Ideen waren damals etwas völlig Neues.

Sie war die Erste ihrer Art, eine Pionierin ihrer Zeit. Chanel heiratete nie (teils aus Überzeugung, teils der Umstände wegen – sie lehnte Anträge

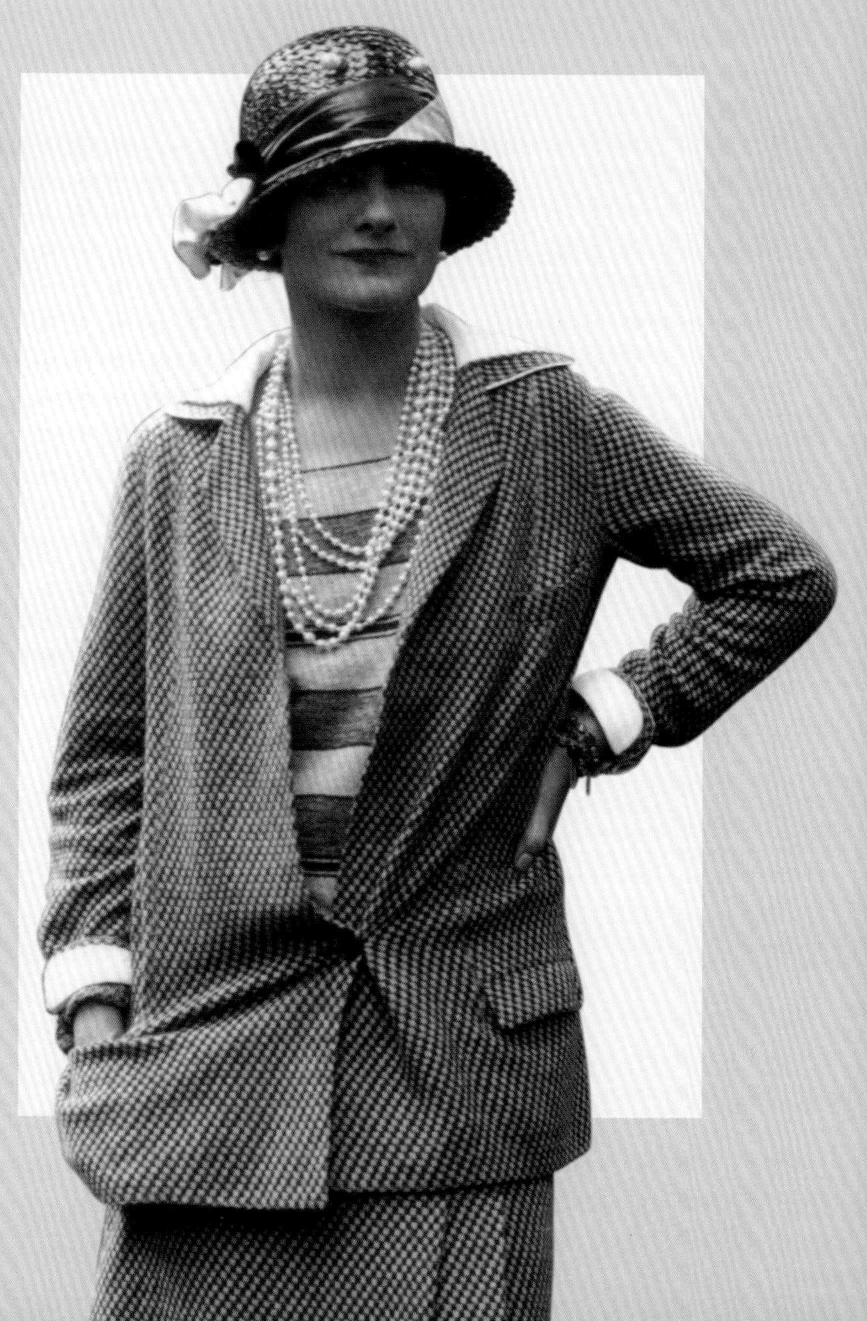

ab, erhielt aber nie einen von ihrer großen Liebe). Sie hatte legendäre Liebesaffären mit unzähligen berühmten Männern, starb aber am 10. Januar 1971 allein in ihrer Suite im Pariser Hotel Ritz im Alter von 87 Jahren – finanziell frei und unabhängig, wie sie als Erwachsene schon immer gelebt hatte. Sie war eine Ikone ihrer Ära, eine Weltberühmtheit, eine Ur-Influencerin.

Ihren Entwürfen wohnte auch etwas Demokratisches inne. Chanel nahm oft einfache, schnörkellose Elemente und veredelte sie für ihre wohlhabende Kundschaft. Genau darum geht es in diesem Buch: Für den Chanel-Look brauchen Sie kein dickes Bankkonto. Womöglich haben Sie das Nötige in Ihrer Garderobe – Sie müssen nur wissen, wonach Sie suchen müssen (und wie Sie das Gefundene tragen).

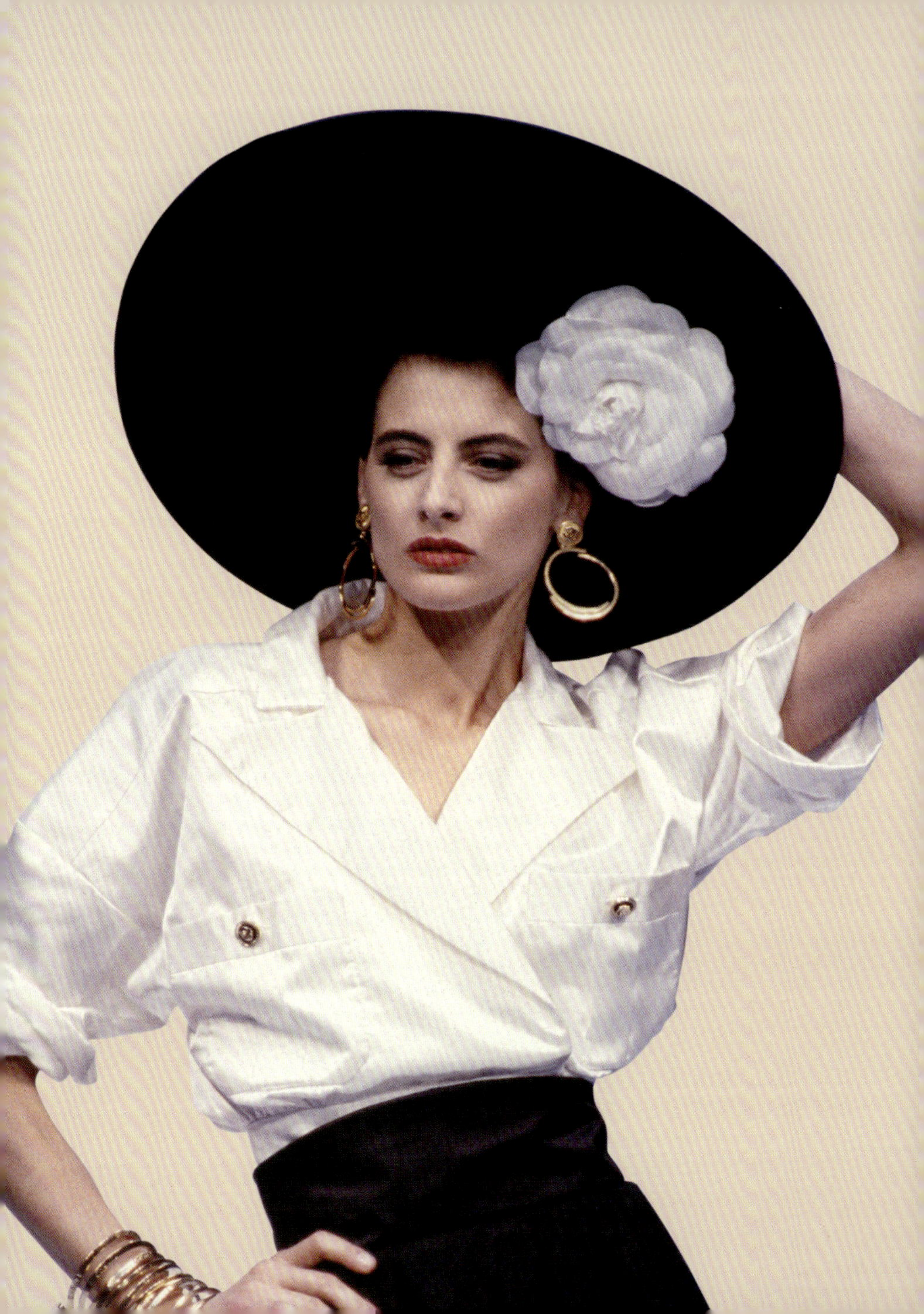

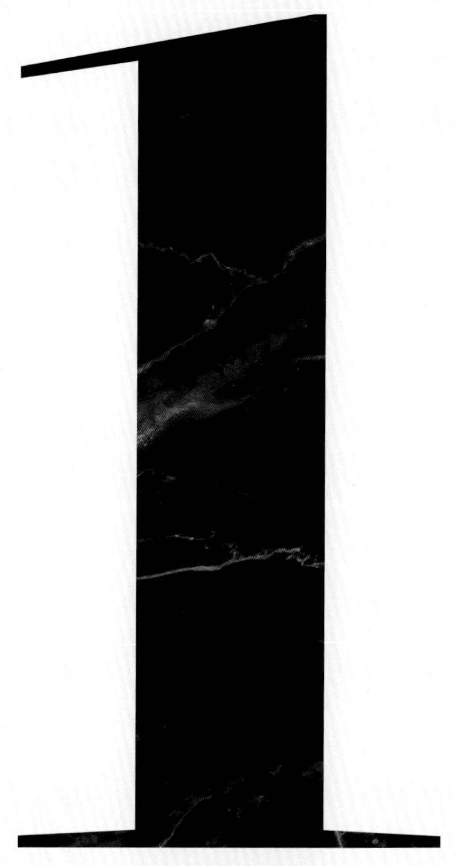

Der HUT *macht's*

„Die Erziehung
einer Frau
besteht aus
zwei Lektionen:
Verlasse nie
das Haus ohne
Strümpfe, und
gehe nie ohne Hut
aus.“

Coco Chanel

Eine It-Bag. Must-have-Schuhe. Eine hochglanzpolierte, breitrandige Sonnenbrille mit aufgeprägtem Logo. Ein Täschchen. Diese Accessoires kommen uns sofort in den Sinn, wenn wir an Chanel denken. Wir sehen sie auf Plakatwänden und auf Doppelseiten in Magazinen. Sie werden von sorgfältig ausgewählten, berühmten Gesichtern auf roten Teppichen kunstvoll zur Schau gestellt und von Influencerinnen in „Unboxing"-Videos für Likes und Shares in sozialen Netzwerken präsentiert.

Es sind die Artikel, die wir Modeinteressierte bei einem Luxus-Label als Erstes suchen, zumindest hoffen wir, sie uns eines Tages leisten zu können. Accessoires sind die Lockvögel zur profitablen Spielwiese der großen Marken. Sie öffnen die Tore zur Luxusmode und werden zu Einstiegspreisen

& Étienne Balsan

Den reichen Textilerben Étienne Balsan lernt Chanel kennen, als ihr Erwachsenenleben gerade beginnt. Sie arbeitet als Näherin, wohnt über dem Laden und genießt das Nachtleben von Moulins, als er sie einlädt, zu ihm auf das Familienanwesen zu ziehen, die ehemalige Abtei Royallieu. Dort lebt Chanel als seine Geliebte, bis sie Boy Capel kennenlernt.

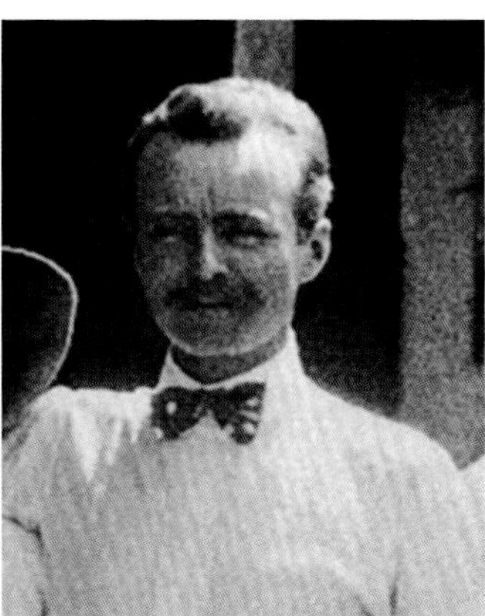

angeboten, zumindest wird das so behauptet (beim sehnsüchtigen Stöbern auf einer Chanel-Webseite wird einem aber schnell klar, dass die finanzielle Hürde für Normalsterbliche recht hoch ist).

Was Sie vielleicht nicht wissen: Das originale Must-have-Accessoire von Chanel war keine gesteppte Ledertasche und auch kein Cap-Toe-Schuh. Es war ein Hut.

Ganz richtig. Coco Chanel betritt die Modewelt als Hutmacherin. Was in ihren Zwanzigern als Hobby beginnt – als Geliebte im Schloss des französischen Textilerben Étienne Balsan vertreibt sie sich die Zeit mit der Herstellung von Hüten, die sie an Freundinnen verkauft –, wird 1910 zu einem Geschäft, als die knapp Dreißigjährige in Paris in der Rue Cambon 21 die Boutique Chanel Modes eröffnet. Finanziell unterstützt wird sie dabei von Balsan und ihrer ersten großen Liebe, Arthur „Boy" Capel.

Zu dieser Zeit ist ein Hut fester Bestandteil der Garderobe jeder modebewussten Frau. Ohne Hut auszugehen gilt als Fauxpas. Wir befinden uns am Ende der französischen „Belle Époque", einer Zeit, die durch wirtschaftlichen Wohlstand, Hedonismus und Optimismus geprägt ist. In der Mode bedeutet das Extravaganz: *Koketten*, wie man die Frauen der Haute Volée nennt, sind bis kurz vor dem Ersticken zusammengeschnürt. Alles, was Frauen tragen, ist überladen, aufgeputzt – und ziemlich unbequem. Hüte sind meist opulent und recht schwer.

Aber nicht Chanels Modelle. Ihrer Ansicht nach kann eine Frau ihr Hirn nicht richtig nutzen, wenn ihr Kopf zu schwer beladen ist. Ihre Hüte sind deshalb betont schnörkellos, wie auch all ihre zukünftigen Kreationen. Die Schönheit ihrer Entwürfe liegt in ihrer Schlichtheit. Die allerersten Chanel-Hüte sind einfache und schmucklose Strohhüte, die sie im Pariser Warenhaus Galeries Lafayette kauft und mit schlichten Bändern dekoriert.

Trotz ihrer Unauffälligkeit – oder vielleicht gerade deshalb – erregen sie die Aufmerksamkeit berühmter Schauspielerinnen der damaligen Zeit. Sie sind etwas Neues und Aufregendes (und nicht zuletzt sehr praktisch). Bald wollen alle einen Hut von Coco Chanel. Ihr Geschäft floriert, und sie ist nun nicht mehr auf die finanzielle Hilfe ihrer männlichen Gönner angewiesen. 1913, nur drei Jahre nach der Gründung von Chanel Modes, läuft das Geschäft so gut, dass Mademoiselle Chanel beginnt, Prêt-à-porter-Kollektionen zu entwerfen und später dann die ikonischen Accessoires, die wir heute so gut kennen.

Dazu später mehr. Hüte sind wichtig. Mit ihnen begann die Modereise von Chanel, und in ihnen fand der Kerngedanke der schlichten Eleganz seine erste Gestalt. Im seither vergangenen Jahrhundert, unter der Ägide der nachfolgenden kreativen Köpfe, sind Hüte stets Teil der Chanel-Kollektionen geblieben. Heute greift eine Frau nicht mehr automatisch zum Hut, wenn sie das Haus verlässt. Doch kaum ein Chanel-Catwalk kommt ohne Kopfbedeckung aus, und sei es nur ein Béret, ein Haarnetz oder ein Stirnband. Die Kopfbedeckung ist ein Eckpfeiler der Markenidentität, und ihr Styling spielt eine große Rolle.

& Arthur „Boy“ Capel

Die junge Coco Chanel verfällt dem Charme des Engländers Arthur „Boy“ Capel, ein wohlhabender Polo-Enthusiast und Playboy. Sie lernen sich 1906 beim Reiten kennen, als Chanel noch in Balsans Anwesen Royallieu wohnt. Sie bleiben fast zehn Jahre lang ein Liebespaar (auch nachdem Capel eine andere Frau heiratet). Capels plötzlicher Tod bei einem Autounfall bricht Chanel das Herz.

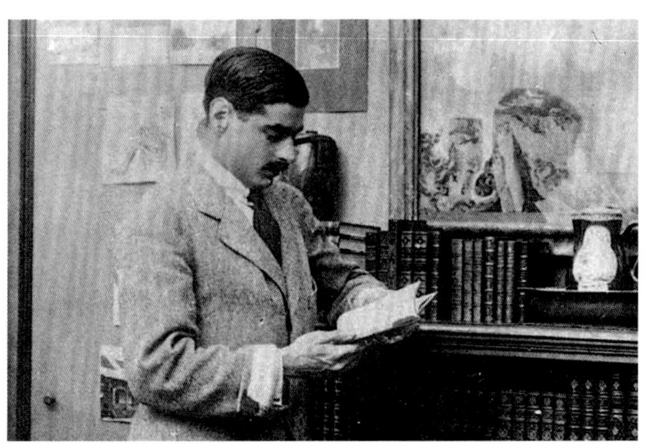

Kopfverdreher

Nicht alle Kopfbedeckungen sind gleich – schon gar nicht im Verständnis von Coco Chanel. Würden wir eine in ihrem Sinn auswählen, kämen vor allem Modelle infrage, die die Optik und die Details eines Luxusartikels bieten, ohne auf Komfort zu verzichten. Modelle, die gleichzeitig Klasse und Alltäglichkeit ausstrahlen. Und ganz wichtig: die niemals langweilig sind.

Die Entwicklung und Neuinterpretation der von Chanel bevorzugten Hutformen in den Shows der Marke über die Jahre nachzuvollziehen, macht großen Spaß. Der inzwischen zur Legende gewordene Karl Lagerfeld, der 1983 bei Chanel das Ruder übernahm und es fast vierzig Jahre lang behielt, war ein Meister dieser Kunst. Seine Hüte zeigten Humor – und wichen gelegentlich vom Grundsatz der Tragbarkeit ab, den die große Vorgängerin geprägt hatte. In seiner Herbst/Winter-Show von 1984 trugen Models rote Eishockeyhelme mit Doppel-C-Logo. In der Frühling/Sommer-Kollektion 1994 schmückte ein riesiger Helm aus flauschigen, fuchsia-farbenen Federn den Kopf des Supermodels Naomi Campbell.

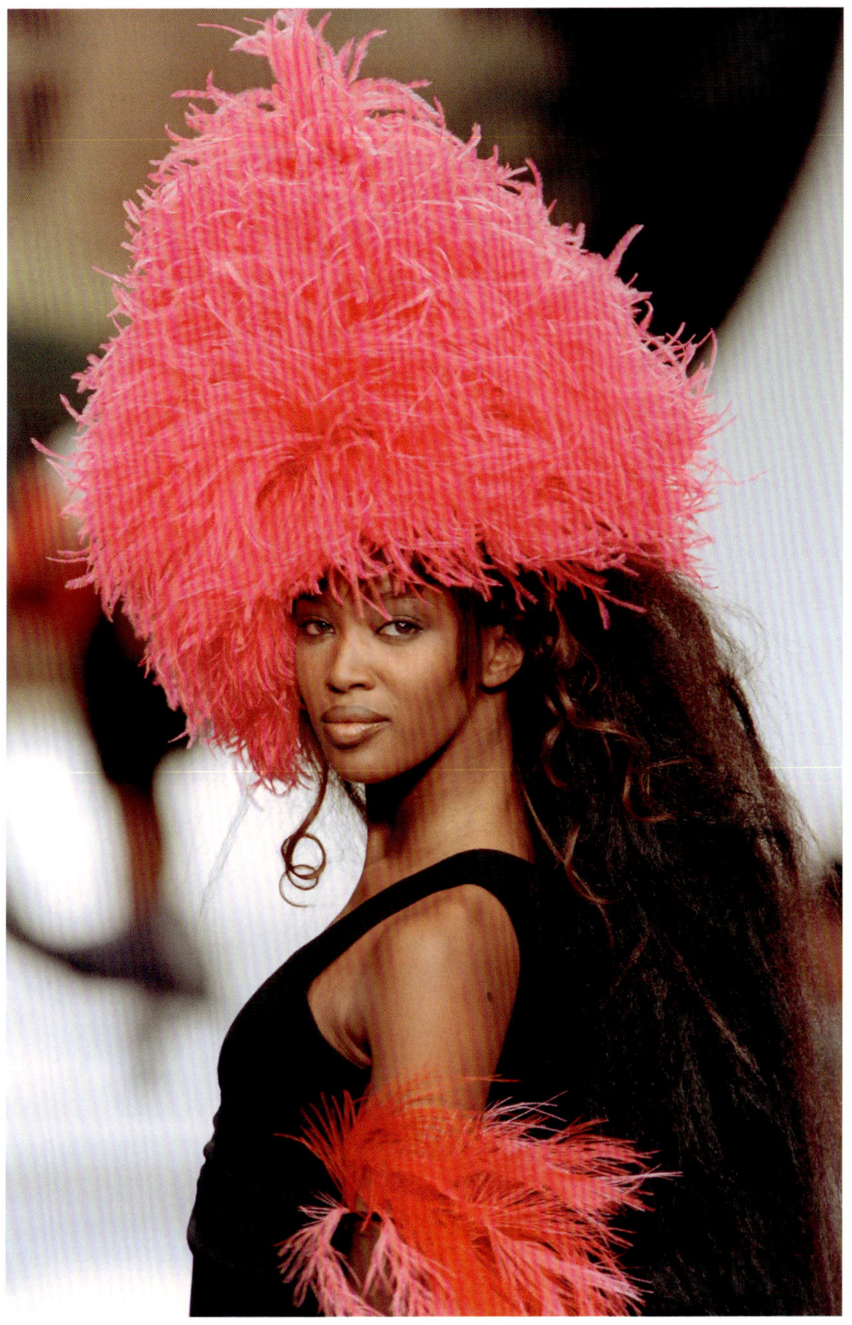

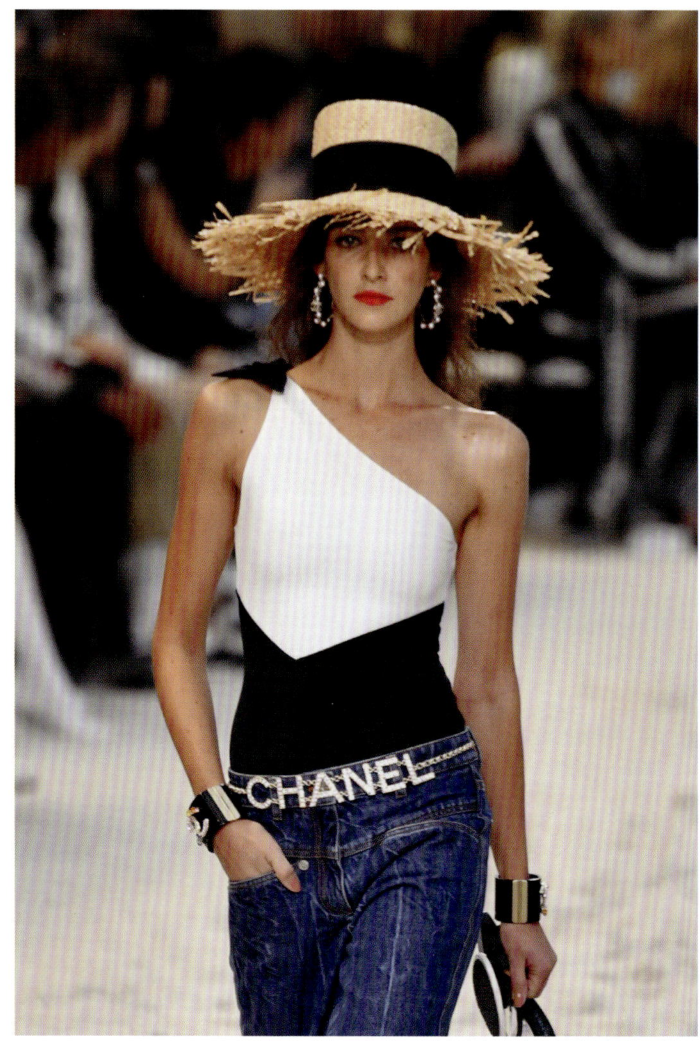
CHANEL

Solche Designs begeistern die erste Reihe auf der Fashion Week, funktionieren aber nicht im Alltag (zumindest nicht für die durchschnittliche Shopping-Kundschaft). Ich denke, es ist ganz natürlich, dass ein Hut sich etwas unnatürlich anfühlt. Hüte werden meist für große Anlässe oder vornehme Events herausgeholt – wir denken da an englische Pferderennen, Regatten und Staatsbesuche der Politprominenz. Mit Ausnahme der wollenen Bommel-Exemplare in der kalten Jahreszeit fühlen sich Kopfbedeckungen, wie soll ich sagen, *speziell* an.

Viel hängt davon ab, ob Sie vorhaben, aufzufallen oder nicht. Mit einem Hut auf dem Kopf nehmen Sie unvermeidlich mehr Raum ein. Er gibt Ihrer Präsenz Höhe und Weite. Chanel mochte diese Wirkung. Ihre große Kunst aber war, das Ganze völlig selbstverständlich aussehen zu lassen. Sie war der Ansicht, ein Hut verleihe Ansehen und Macht. Sie schlug sogar vor, alle sollten beim ersten Lunch mit einer fremden Person einen Hut tragen, denn er verschaffe dem Träger einen „Vorteil".

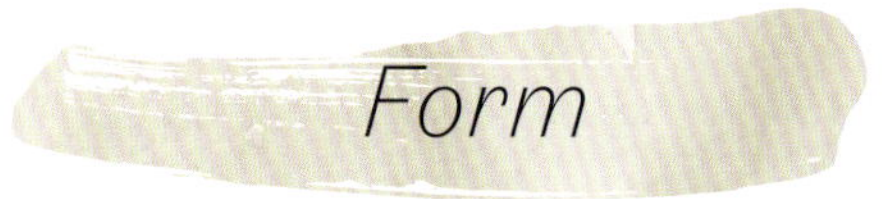

Form

Die perfekte Kopfbedeckung zu finden, ist eine Wissenschaft für sich. Die britische Hutmacherin Awon Golding empfiehlt, zahlreiche Modelle auszuprobieren, und zwar vor einem Ganzkörperspiegel: Die Kopfbedeckung ist Teil des kompletten Outfits und oft sogar das dominierende Stück des Ensembles. Golding schlägt zudem als Faustregel vor, keinen Hut zu tragen, der breiter als die Schultern ist, wenn Sie Ihre Körpersilhouette optimal proportionieren möchten.

Sie sollten herausfinden, welche Form Ihnen am besten steht, was wiederum von Ihrer Gesichtsform abhängt. Zu einem **langen oder länglichen Gesicht** beispielsweise passen breitkrempige Modelle und alles, was über die Stirn geht und die Gesichtsgeometrie verkürzt, etwa ein Béret. Auch **quadratische Gesichter** sehen damit toll aus – genauso mit Glockenhüten, die oft auf Chanel-Laufstegen zu sehen sind.

Für **herzförmige Gesichter** sind Bérets, Strohhüte und Schiebermützen eine gute Wahl. Haben Sie ein **rundes Gesicht**, brauchen Sie etwas, das Länge und Kanten erzeugt: Mittel- bis breitkrempige Fedoras oder Trilbys funktionieren hier gut. Auch ein über die Haarlinie zurückgeschobenes Béret lässt Ihr Gesicht länger wirken. Glückspilze mit **ovalen Gesichtern** können alles tragen.

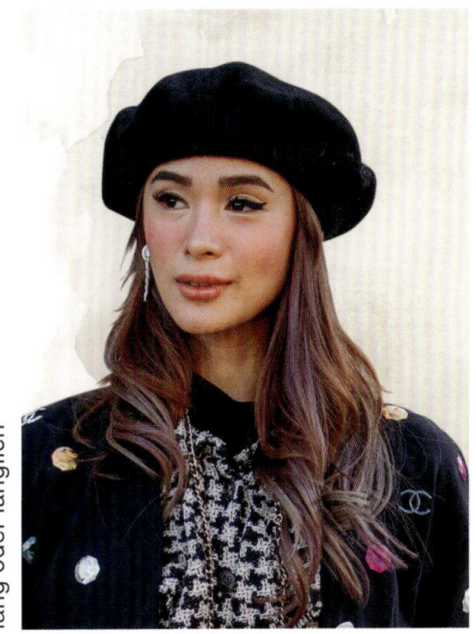

lang oder länglich

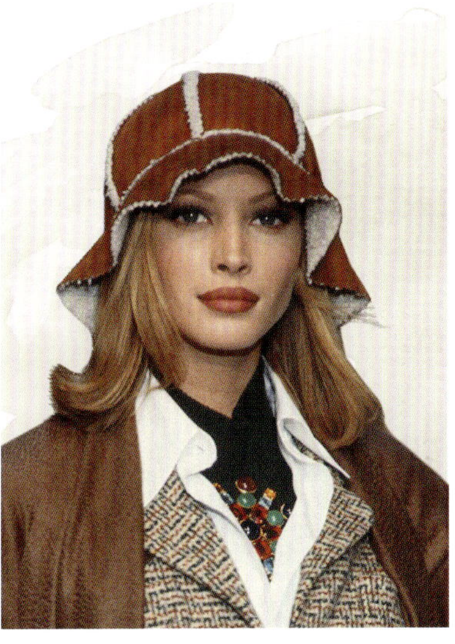

quadratisch

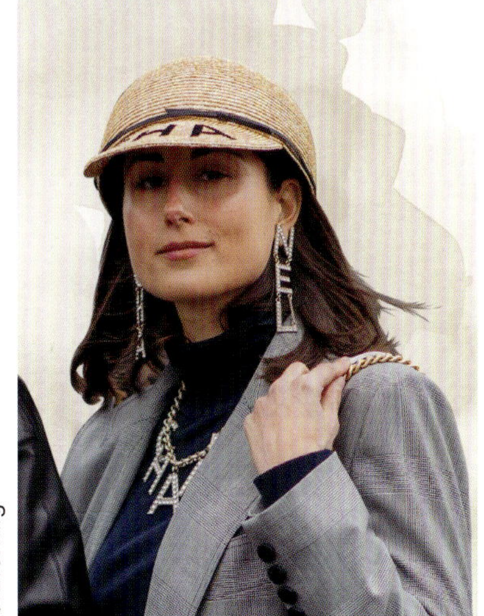

herzförmig

rund

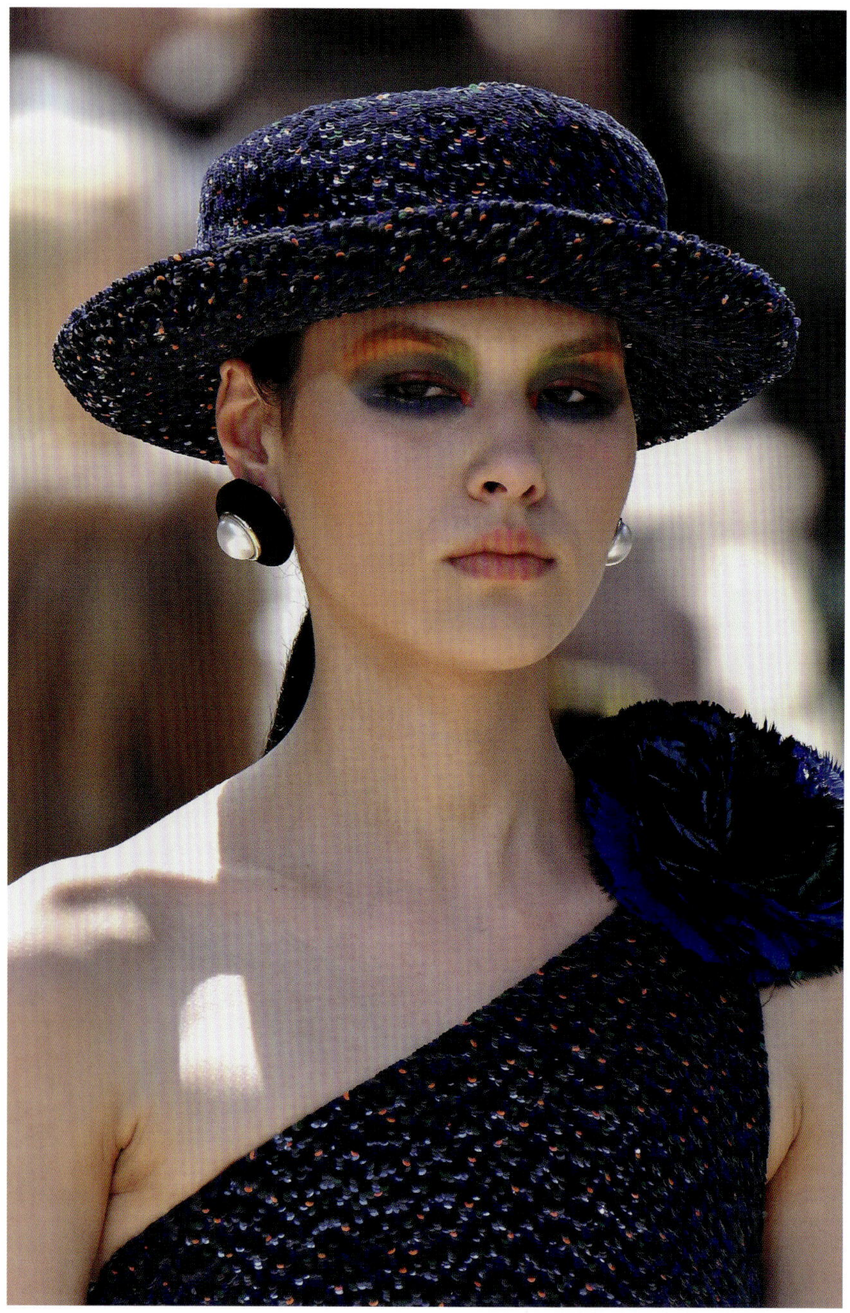

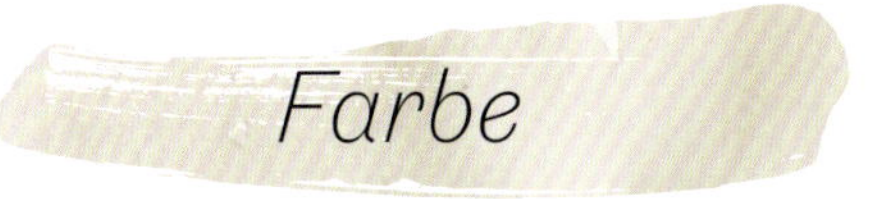

Farbe

Auch das Farbdesign der Kopfbedeckung spielt eine Rolle. Ich persönlich finde, dass Blockfarben oder Metallic-Töne am besten wirken. Chanel würde mir zustimmen. Ihre Kreationen wiesen kontrastreiche Details oder Verzierungen auf, wirkten aber nie grell. Kopfbedeckungen in Blockfarben fügen sich leichter in den Rest Ihres Outfits ein und lassen sich mit vielen Kleidungsstücken kombinieren. Sie haben etwas Zeitloses, sodass Sie sie immer wieder aus dem Kleiderschrank holen werden.

Welche Farbe Sie wählen sollten, hängt von Ihrem Hautton ab. Selbstverständlich sollte alles, was nahe am Gesicht getragen wird, farblich auf Ihren Hautton abgestimmt sein. Nicht nur Ihr Schmuck, Ihr Lippenstift oder Ihre Haartönung, sondern auch Ihr Hut. Hauttöne werden in vier Gruppen eingeteilt (kühl, warm, oliv und neutral). Mit dem Papiertest auf der nächsten Seite können Sie Ihren bestimmen.

Ihr Hautunterton

Halten Sie bei natürlichem Licht ein weißes Blatt Papier neben Ihr Gesicht. Sieht Ihre Haut daneben rosig aus, haben Sie einen **kühlen** Unterton. Wirkt sie gelblich, ist Ihr Unterton **warm**. Sieht sie eher grün aus, haben Sie einen **olivfarbenen** Unterton. Ist keine Farbnuance zu erkennen, ist Ihr Hautton **neutral**.

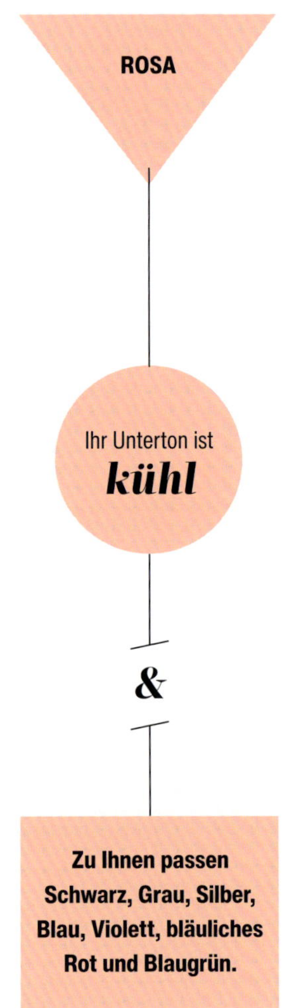

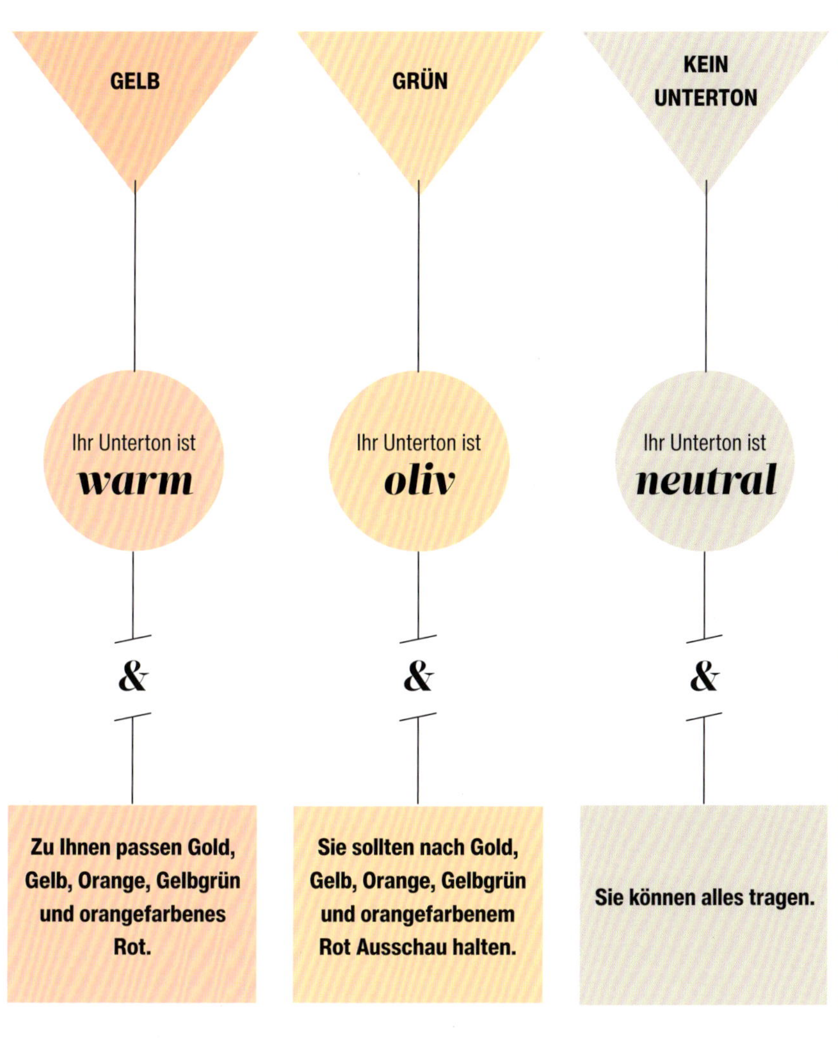
GELB
GRÜN
KEIN UNTERTON
Ihr Unterton ist
warm
Ihr Unterton ist
oliv
Ihr Unterton ist
neutral
&
&
&
Zu Ihnen passen Gold, Gelb, Orange, Gelbgrün und orangefarbenes Rot.
Sie sollten nach Gold, Gelb, Orange, Gelbgrün und orangefarbenem Rot Ausschau halten.
Sie können alles tragen.

Textur

Schließlich sollten Sie sich gut überlegen, woraus Ihre Kopfbedeckung besteht. Denke ich an ein Chanel-Accessoire, denke ich an kostbare Stoffe – Samt, steifen Filz, Ripsband. Egal für welche Preisklasse Sie sich entscheiden, es sollte teuer aussehen. Vermeiden Sie Wolle, die leicht fusselt, oder plastikartiges Kunstleder.

Keep it simple

Was die dazu passende Garderobe betrifft, schlage ich vor, sie schlicht zu halten. Diesen Rat werden Sie hier oft lesen, aber genau darum geht es: Schlichtheit ist die Essenz des Chanel-Stils. Um zu entscheiden, ob ein Hut zu Ihnen passt, stellen Sie sich damit vor den Spiegel. Probieren Sie ein bisschen herum, um herauszufinden, was funktioniert. Ich weiß zum Beispiel, dass mir Baseball-Caps gar nicht stehen – verkehrt herum aufgesetzt aber schon.

Experimentieren Sie. Erkunden Sie Ihr Gefühl – das, was Golding die „Erfahrung" beim Tragen einer Kopfbedeckung nennt. Laut Chanel soll diese Ihnen Selbstvertrauen geben. Sie sollten Lust haben, mit erhobenem Kopf durch die Welt zu schreiten. Alles andere würde Chanels Ethos widersprechen. Vermeiden Sie Dinge, die sich albern anfühlen. Also vielleicht doch kein rosa Federbusch?

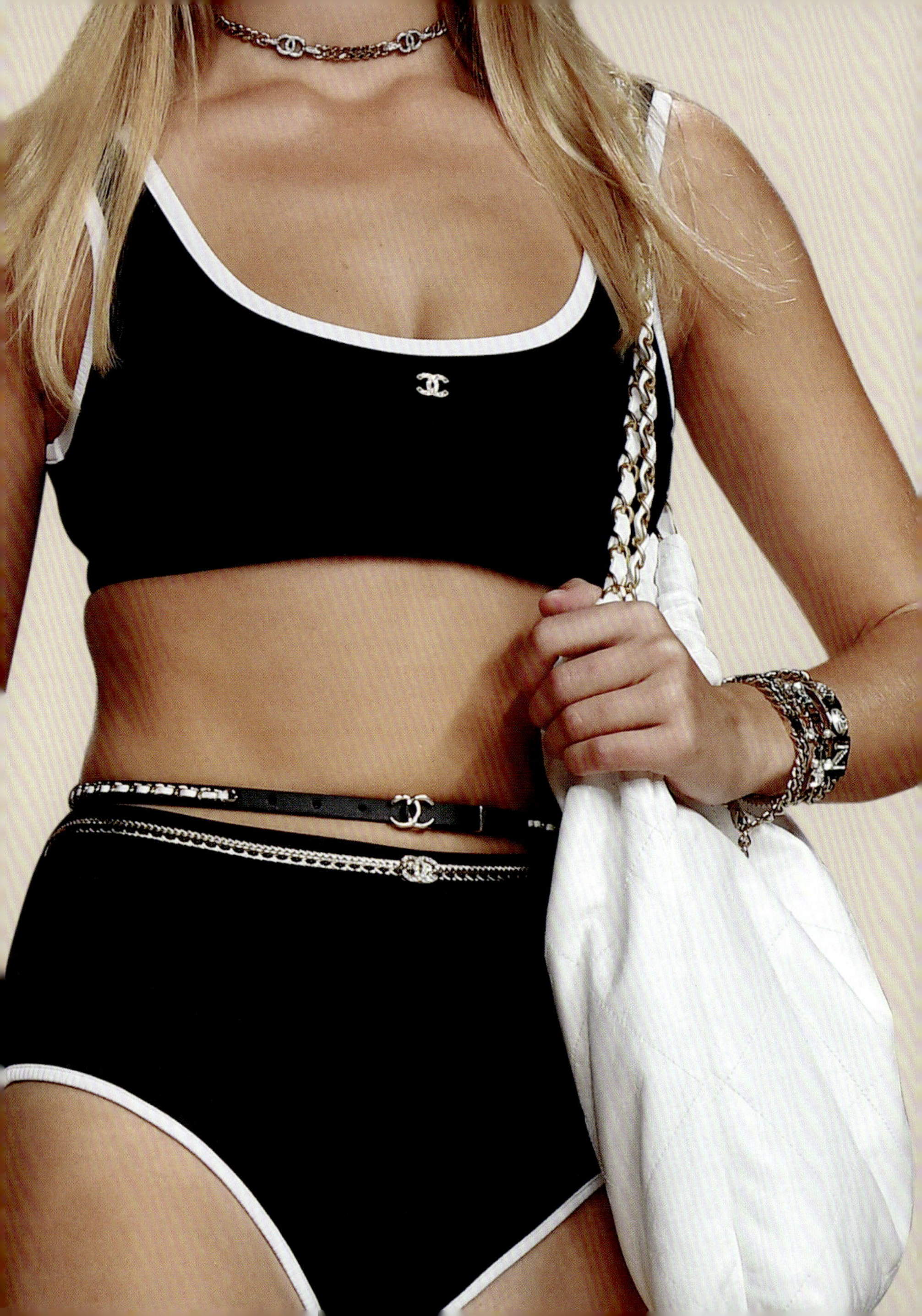

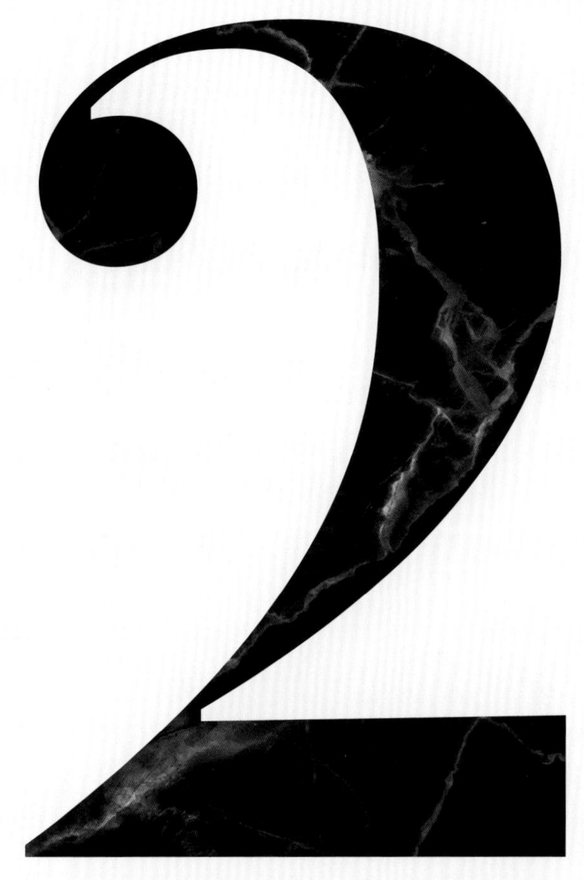

Schwarz & Weiß, aber NIE LANGWEILIG

„Schwarz hat alles. Weiß auch. Ihre Schönheit ist vollkommen. Es ist die perfekte Harmonie.“

Coco Chanel

Im Hause Chanel fristen Farben keinesfalls ein stiefmütterliches Dasein. Im Gegenteil – ein kurzer Blick auf die Website der Marke zeigt uns von Saison zu Saison neue knallige Töne: Kirschrot, Azurblau, Jadegrün, Gelb und Fuchsia (und das sind nur die Handtaschen).

Mir persönlich kommt bei Chanel immer ein ganz spezielles, zuckersüßes Rosa in den Sinn. Nicht weil ich eine natürliche Vorliebe für diese Farbe hätte. Sondern weil so viele Supermodels sie perfekt zur Schau gestellt haben. Erinnern wir uns an die Chanel-Kampagne 1995: Claudia Schiffer in koketter Pose, mit Föhnfrisur, in babyrosa Plateausandalen, Pailletten-Bralette, Tweed-Minirock und High-Waist-Pantys, die Sonnenbrille in der einen Hand, das taillierte Jackett in der anderen. Naomi Campbell auf der Frühling/Sommer-Show 1993 mit rosafarbenem Tweed-Minikleid, Jackett und punkig angehauchten rosa Strähnen im Haar. Oder die deutsche Anna Ewers auf dem Cover der Februarausgabe 2021 der Pariser *Vogue*, im kaugummipinken Cardigan-Kleid von Chanel, zwei rosafarbene gesteppte Minihandtaschen auf den Hüften. Man könnte das den Barbie-Effekt nennen.

Doch ich schweife ab. In diesem Kapitel geht es nicht um die Farbe Rosa. Mademoiselle würde wohl sogar die Nase rümpfen. Denn zwei Farben zog sie allen anderen vor, sowohl aus Prinzip als auch aus Geschmacksgründen, und jede Chanel-Verpackung, jeder Flagship-Store auf einer der exklusiven Shoppingmeilen dieser Welt trägt sie im Banner: Schwarz und Weiß, was sonst?

Das kleine Schwarze. Schwarz-weiße Pumps. Die schwarze gesteppte Lederhandtasche. Weiße Kleider, nicht für jungfräuliche Bräute, sondern für postapokalyptische Partygirls entworfen. Chanels ikonischste Designs waren monochrom. Sie liebte Schwarz und Weiß, auch wenn diese Töne damals nicht in Mode waren. Hierzu gibt es verschiedene Hypothesen. Viele davon haben mit Chanels trauriger Kindheit in Armut und Einsamkeit zu tun, die sie später zu verbergen versuchte.

So wird vermutet, ihre Vorliebe für Weiß und Schwarz könnte als posttraumatische Reaktion auf ein prägendes Erlebnis verstanden werden. So muss Chanel im Alter von elf Jahren mit ansehen, wie die Leiche ihrer Mutter mit einem weißen Tuch bedeckt wird. Auch das Schwarz und Weiß der Ordenskleider könnten eine Rolle spielen: Das Waisenhaus, in das Chanel und ihre Schwester nach dem Tod der Mutter geschickt werden, wird von Nonnen geführt. Sie kümmern sich um Chanel, bis sie 18 Jahre alt ist, und bringen ihr vermutlich auch das Nähen bei.

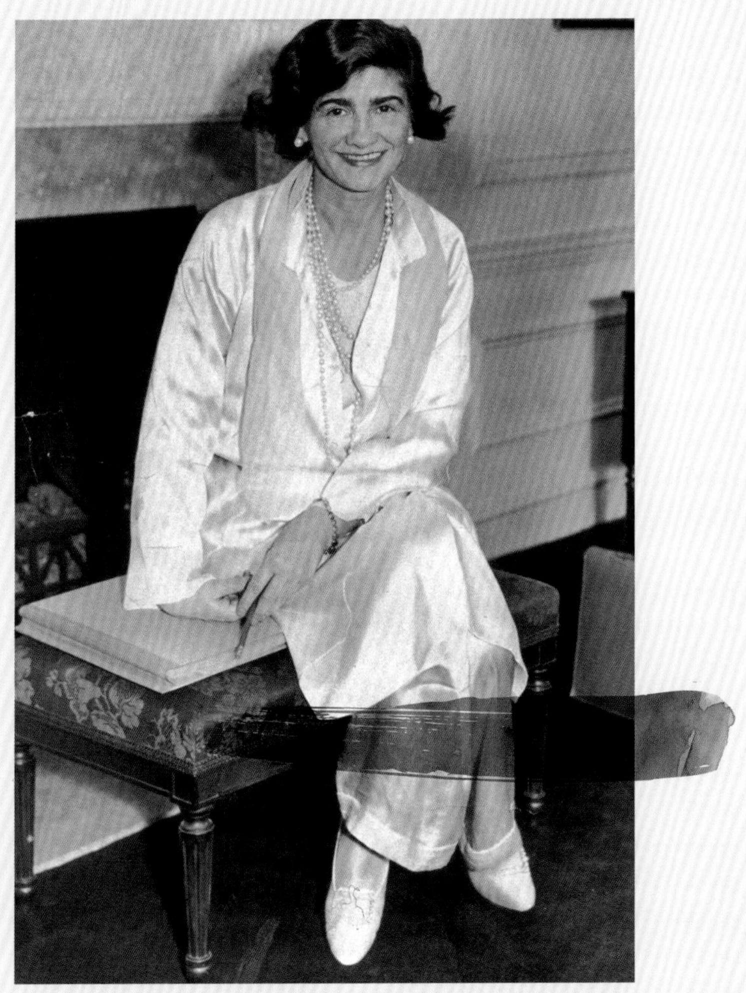

Coco Chanel in weißer Seide mit Perlen, 1931

Und dann ist da noch die tiefe Trauer, in die Chanel nach dem Tod von Boy Capel stürzt. Am 22. Dezember 1919 – er ist bereits mit Lady Diana Wyndham verheiratet, hat seine zehn Jahre dauernde Liebesaffäre mit Chanel jedoch noch nicht beendet – verunglückt Capel tödlich bei einem Autounfall. Chanel hat bereits vorher viel Schmerz erfahren. Vermutlich hat er sie ihr bisheriges Leben über begleitet. Doch mit Capel verbindet sie eine monumentale Liebe, und der Verlust ist schier unerträglich. Es ist sicher kein Zufall, dass sie nach diesem einschneidenden Ereignis zehn Jahre lang Abendkleider in der Farbe der Trauer entwirft: Schwarz.

Doch ist es wirklich nur Trauer oder vielleicht auch eine Reaktion auf gesellschaftliche Entwicklungen? Darauf wüsste nur Chanel die Antwort. Folgendes aber ist bekannt: Wie alle großen Designer hatte Chanel ein sicheres Gespür für kulturelle Veränderungen. Es ist eine Kunst, vorherzusehen, was die Kunden wollen, bevor sie es wollen, und so das Unerwartete begehrenswert zu machen.

Was uns zum Oktober 1926 führt. Als Reaktion auf die düsteren Nachkriegsjahre liegen lebhafte Farben im Trend. Wir befinden uns drei Jahre vor der Weltwirtschaftskrise. Die Oberschicht ist bemüht, ihren Reichtum etwas weniger offen zur Schau zu stellen. In der amerikanischen *Vogue* wird ein Kleidungsstück vorgestellt, das die Frauenmode für immer verändern wird: Man nennt es Little Black Dress, abgekürzt LBD. Das legendäre kleine Schwarze.

Zu sehen ist die Zeichnung eines Mannequins, das ein schwarzes, langärmeliges, wadenlanges Kleid aus Crêpe de Chine trägt, das locker am Körper liegt. Keine Spur von Sanduhr-Ästhetik: Chanels Look ist knabenhaft wie ihre eigene Figur. Abgerundet wird das Ganze durch eine Perlenkette, einen schwarzen Glockenhut und schwarze Pumps. Insgesamt wirkt das Ensemble dezent und zurückgenommen. „Ein Ford aus dem Hause Chanel", schreibt die *Vogue*.

Sie vergleicht den Entwurf mit dem praktischen, bodenständigen und weithin erkennbaren „Modell T“ des Automobilgiganten und prophezeit, das Kleid würde zum „Standard für jede Frau von Geschmack“ werden. Heute macht das Sinn. Doch vergessen wir nicht, dass ein schwarzes Kleid in dieser Zeit Trauernden und Bediensteten vorbehalten ist. Es soll die Trägerin verhüllen und unsichtbar machen. Chanel verwandelt es in ein Kultobjekt, das statusbewusste Frauen tragen, um ein Zeichen zu setzen. Ihre kleinen Schwarzen gelten als sexy: Sie haben asymmetrische Saumlinien, tiefe Dekolletés mit teilweise freien Nacken- oder Rückenpartien und auffallende Details. Um es mit ihren eigenen Worten zu sagen: Chanel hat „Schwarz zum Durchbruch verholfen“.

Als Reaktion auf die düstere Stimmung der Weltwirtschaftskrise kommt bald darauf die weiße Abendgarderobe in Mode. Chanel hat sie schon lange vorher für sich entdeckt – sie liebt es, Weiß zu tragen. Als unverheiratete Frau bedeutet ein weißes Satinkleid für sie weit mehr als nur eine Hülle, in der die Braut zur Übergabe verpackt wird: Vielmehr will sie sich damit von der Menge abheben. In ihren Augen steht Weiß nicht für Reinheit, sondern hat einen ätherischen und glamourösen Touch. Chanel erscheint auf Partys im weißen Pyjama und trägt Weiß auch in Situationen, in denen dies nicht unbedingt praktisch ist. In der High Society der 1930er-Jahre erfreuen sich ihre Kleider großer Beliebtheit, und trotz des Börsencrashs blüht ihr Geschäft auf. Weiß fasziniert sie so sehr, dass ihre Frühjahrskollektion 1933 ganz ohne andere Farben auskommt. Noch dreißig Jahre später, bis weit in die wilden Sechziger hinein, spielt es in ihren Kollektionen eine wichtige Rolle. So entwirft sie kurze weiße Cocktailkleider, die sie mit verschiedenfarbigen Pailletten, Perlen und Schärpen aus Seidentaft kombiniert.

Ein Sinn für Ordnung

Als Stylistin liebe ich Farben – ich arbeite mit ihnen bei Shootings und trage sie selbst im Alltag. Ich liebe die Copenhagen Fashion Week, denn Skandinavier gehen sehr spielerisch mit Farben um (manchmal tragen sie sie alle auf einmal). Schwarz und Weiß sind vielleicht nicht die aufregendsten Farbtöne, doch bei der Zusammenstellung eines Outfits sorgen sie für ein wichtiges Element: Ordnung. Es stimmt, bei Weiß droht erhöhte Fleckengefahr, aber mit der Kombination kann man nicht viel falsch machen.

Sowohl einzeln als auch zusammen vermitteln sie ein Gefühl von Klasse. Im Großen und Ganzen wirken sie schmeichelhaft, ob Ihnen nun ganz und gar nicht nach Auffallen zumute ist (wir alle kennen solche Tage) oder ob Sie sich in Szene setzen wollen. Für viele sind sie einfach eine leichte Wahl. Warum wohl nannte man früher die Moderedakteurinnen, die für ihre Vorliebe für Schwarz auf den Shows bekannt waren, „die Krähen“?

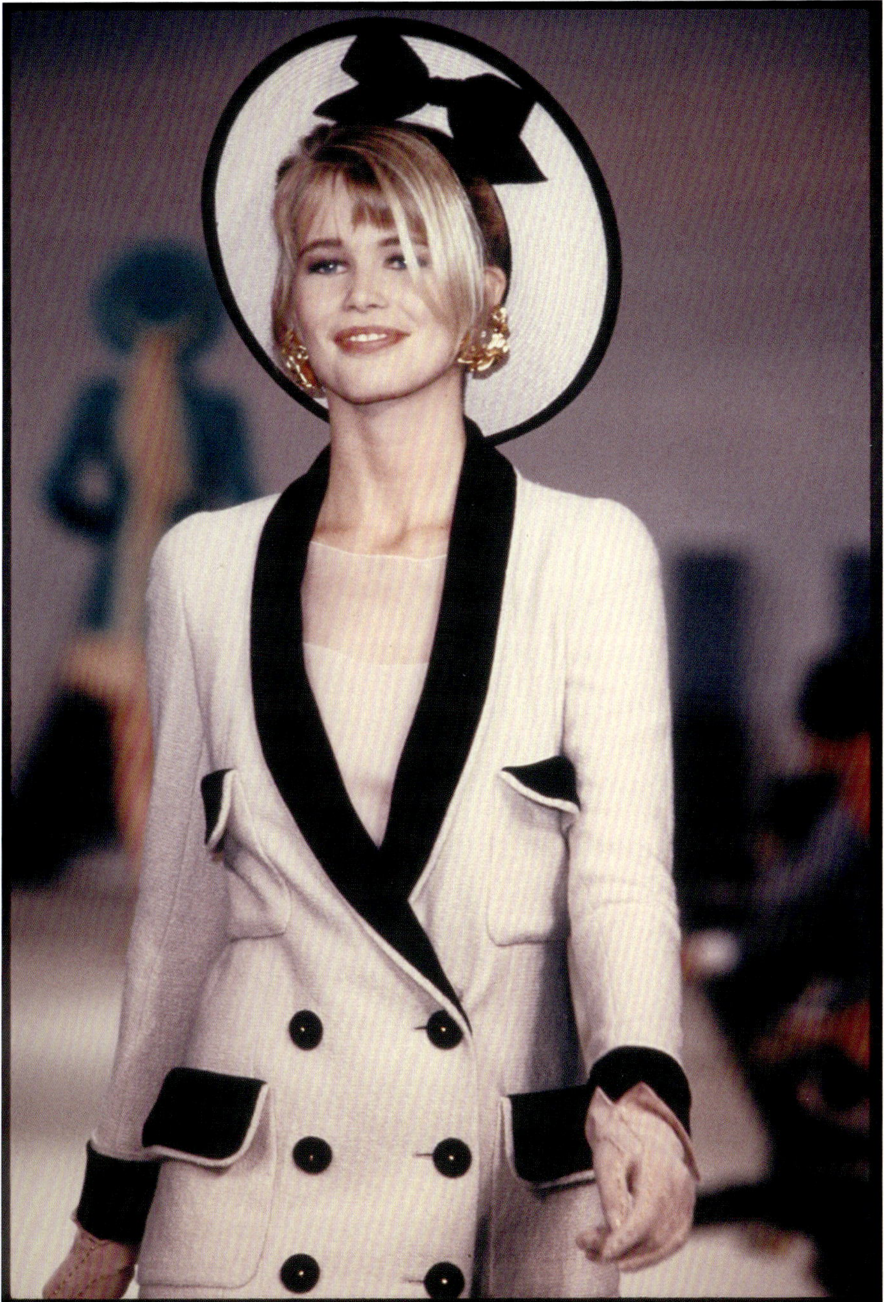

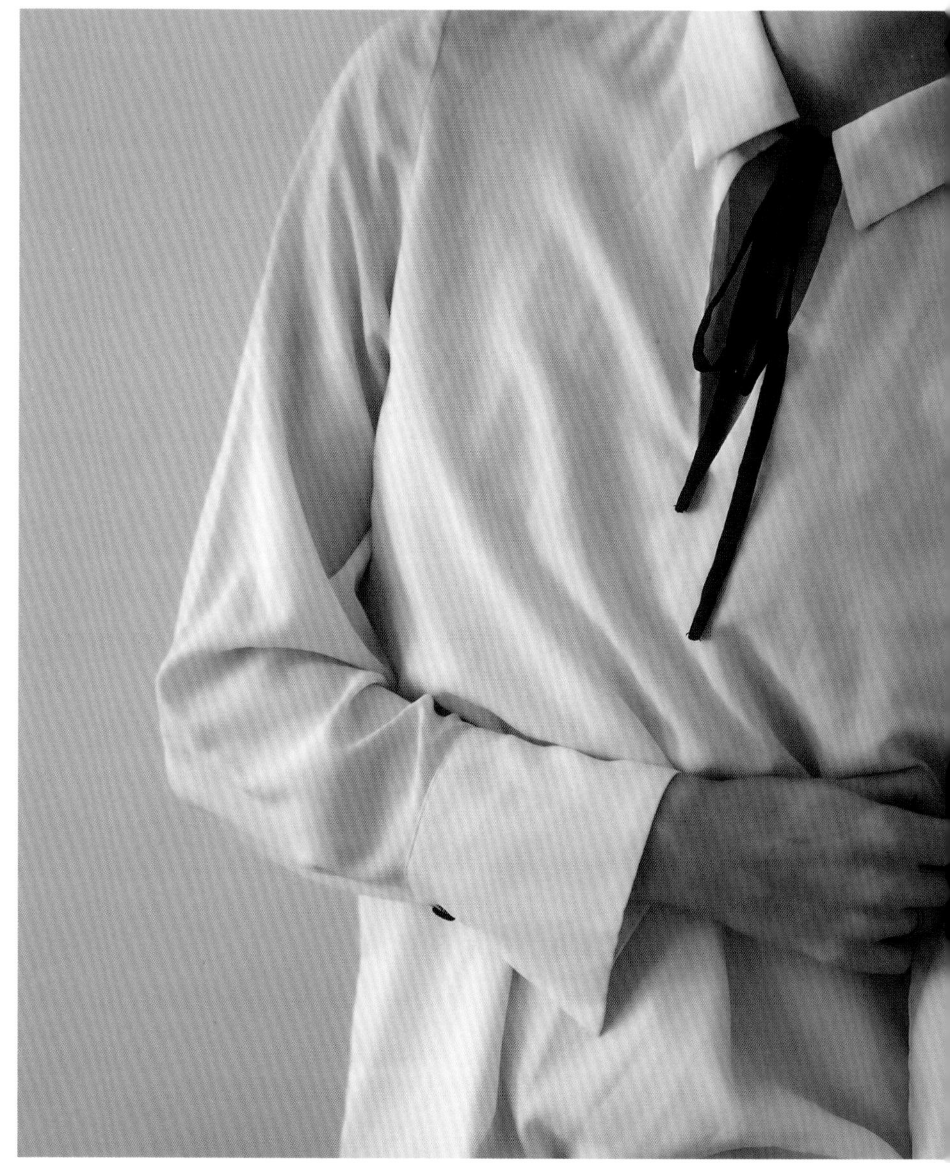

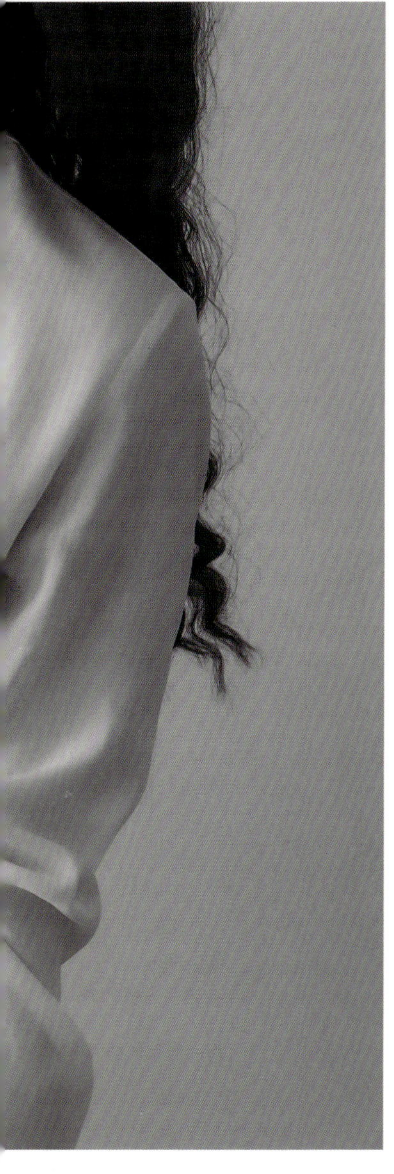

Monochrom, aber modern

Diese Farbtöne auf zeitgemäße Weise zu tragen, ist jedoch etwas anderes. Die angesehene Stylistin Anna Berkeley ist seit fast dreißig Jahren in der Modebranche aktiv und berät Frauen aus allen Gesellschaftsschichten. Sie sagt, ihre Kundinnen wählen Schwarz als einfache, elegante und schlank machende Option. Laut Berkeley ist ein kleines Schwarzes ein schlichtes und elegantes Outfit, sollte aber mit kontrastierenden Accessoires kombiniert werden. Ich denke, das ist der Schlüssel: Ein kleines Schwarzes kann altbacken oder, sagen wir es einfach, langweilig wirken. Wenn Sie sich für eines entscheiden, würde ich daher ein Design mit interessanten Details wählen: einen asymmetrischen Saum oder Ausschnitt, Cutouts, kurz: eine interessante Architektur.

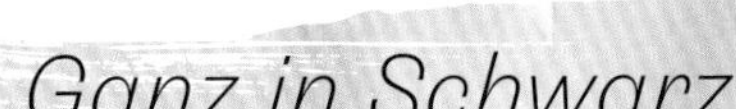

Ganz in Schwarz

Laut Berkeley sollten komplett schwarze Outfits die gleiche Behandlung erfahren. Auffällige Kragen, Verzierungen oder interessante Nähte sind Optionen, um ein monochromes Outfit zu modernisieren. Ich empfehle außerdem, mit verschiedenen Texturen zu spielen. Tragen Sie zum Beispiel zu einer Leder- oder Kunstlederhose ein T-Shirt oder einen Pullover aus Baumwolle oder zu schwarzen Jeans eine Seidenbluse. Die „Front Row“ auf der Fashion Week wendet diesen Trick ständig an: Man hat alle Vorteile des Monochromen (eine einzige Farbe wirkt schmeichelnd), ohne dass das Outfit langweilig wirkt.

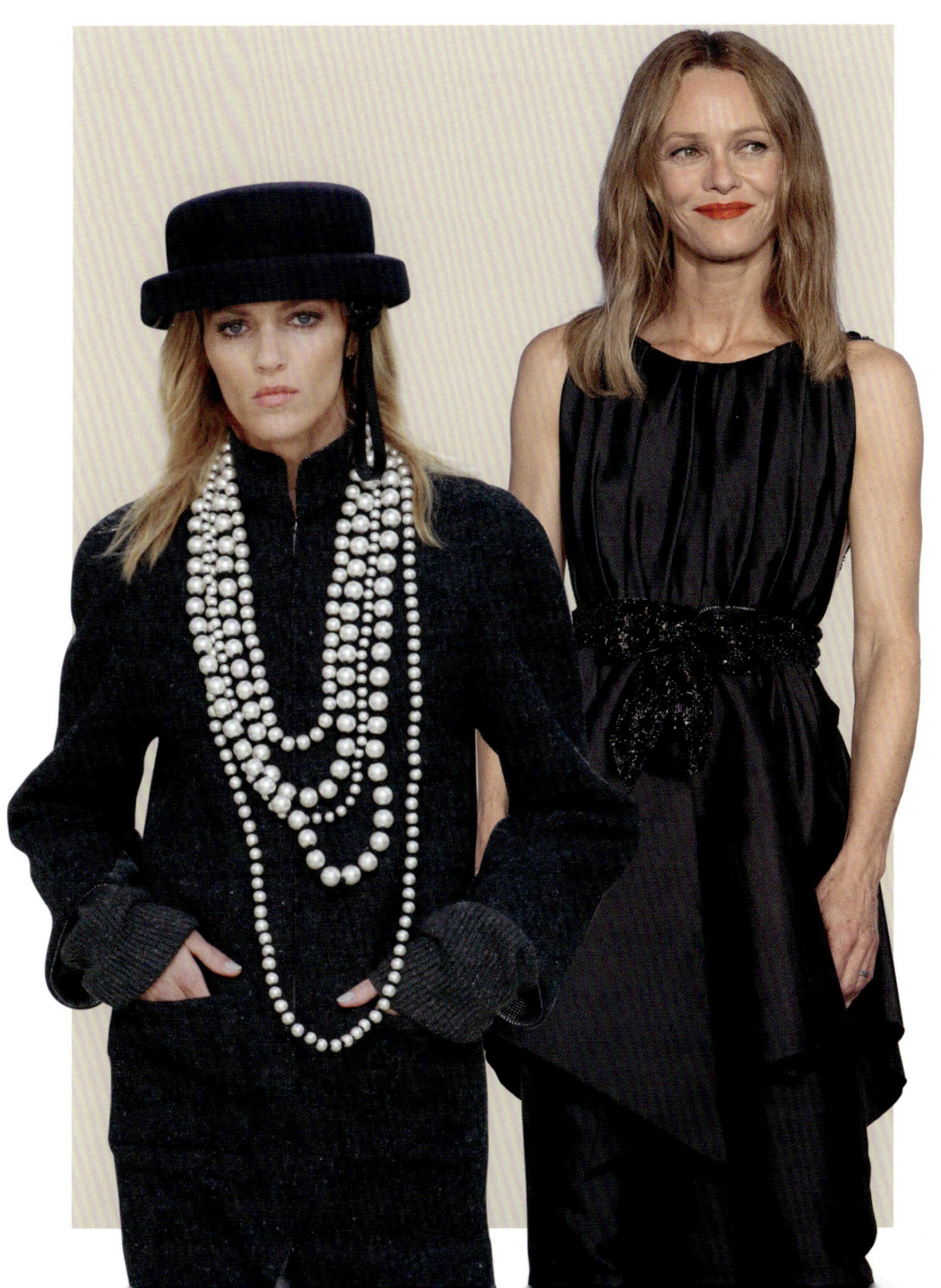

Ganz in Weiß

Weiß ist eine ganz andere Sache. Ich finde, Weiß kann absolut modern und cool wirken: Komplett weiße Outfits waren lange Zeit in der High Society beliebt, die makellose weiße Jachten, Tischdecken und Teppiche gewohnt ist. Inzwischen sieht man sie aber immer öfter an stilbewussten Normalsterblichen in der U-Bahn, vermutlich weil Weiß nicht mehr den etwas altmodischen oder kitschigen Beigeschmack von früher hat. Aber nur, wenn Sie sich an die neuen Regeln halten.

Weiße Jeans zum Beispiel sind heikel – Berkeley steht ihnen sogar ausgesprochen skeptisch gegenüber. Wir sind uns einig, dass weiße Skinnys und Jeggins ein No-Go sind, weite Hosen aber großartig aussehen. Weiße T-Shirts sind ein Muss, sehen aber „oversized" am besten aus. Weiße Hemden sind zeitlos stylish, vor allem Hemden in Boyfriend-Form aus kräftiger Baumwollpopeline. Weiße Schuhe sind inzwischen akzeptabel, etwa Stiefeletten, Mokassins, Slingbacks und Sandalen mit flachen Absätzen – aber niemals Stilettos. Ich kenne viele Modeexpertinnen, die weißen Nagellack tragen, aber auch hier gibt es Regeln: am besten auf kurzen Nägeln, nicht auf Acrylkrallen. Selbstverständlich gelten bei Weiß die üblichen Warnungen vor Flecken und Scheuerstellen, die Ihr schickes Outfit schnell schäbig erscheinen lassen. Als Gegenmittel empfehle ich, einen guten Fleckenstift mitzunehmen.

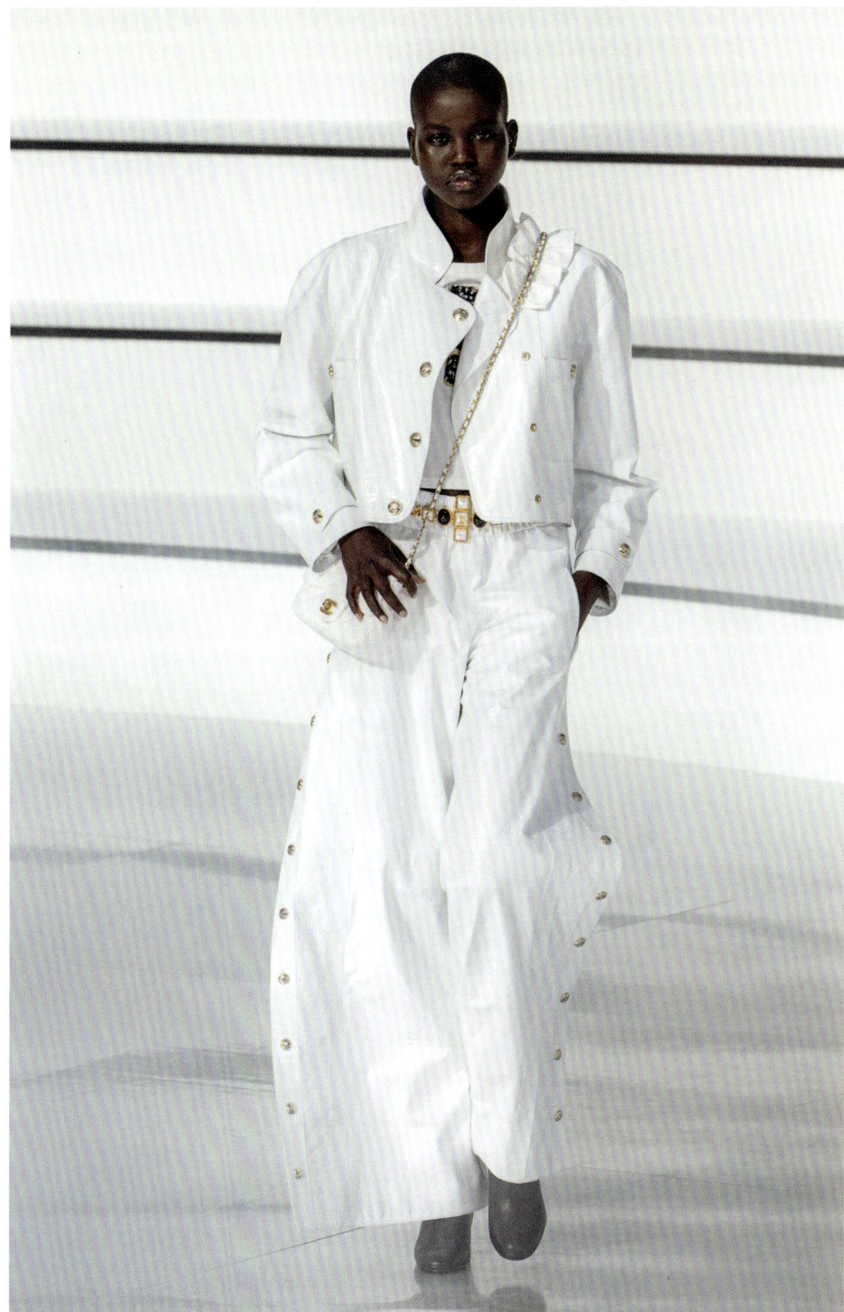

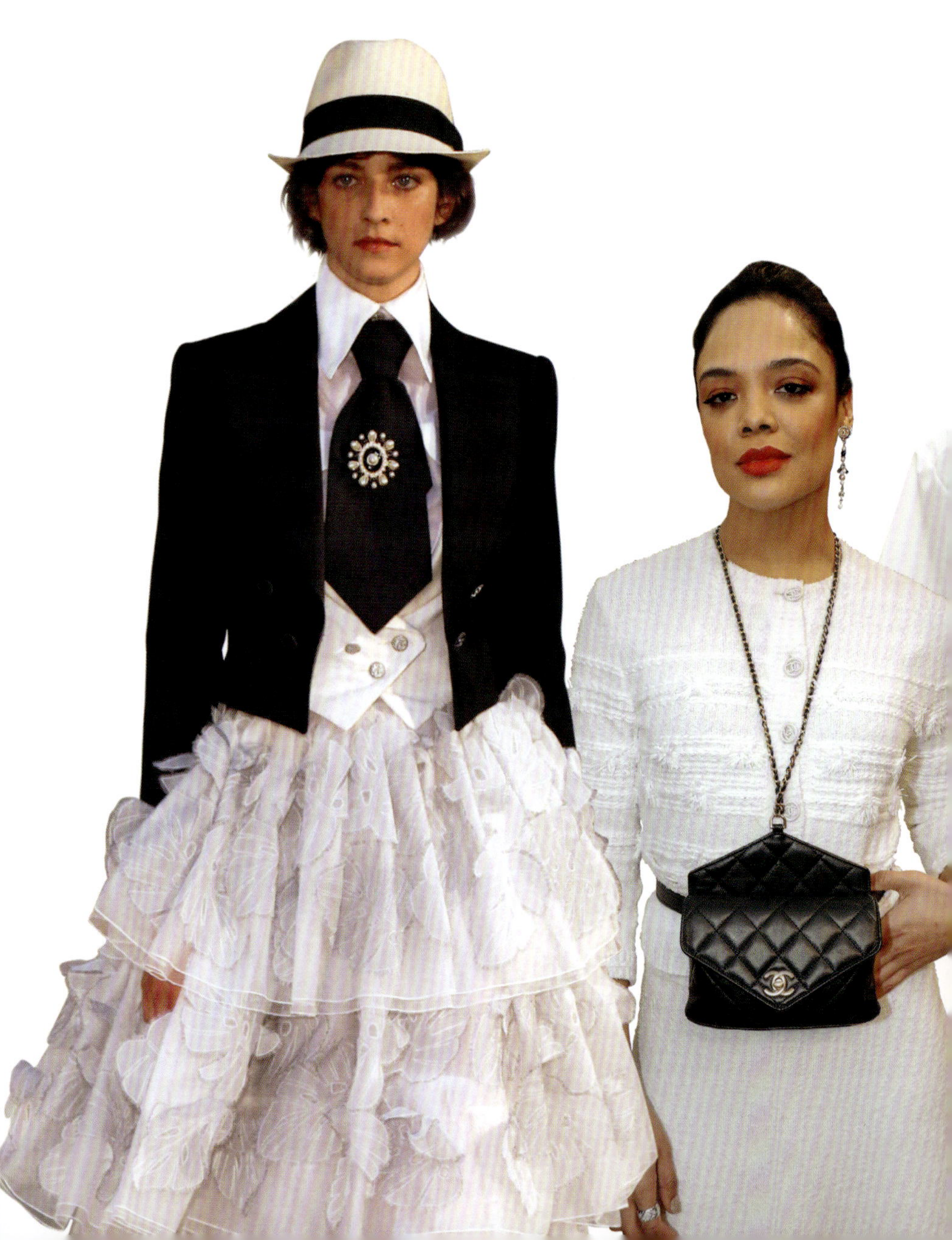

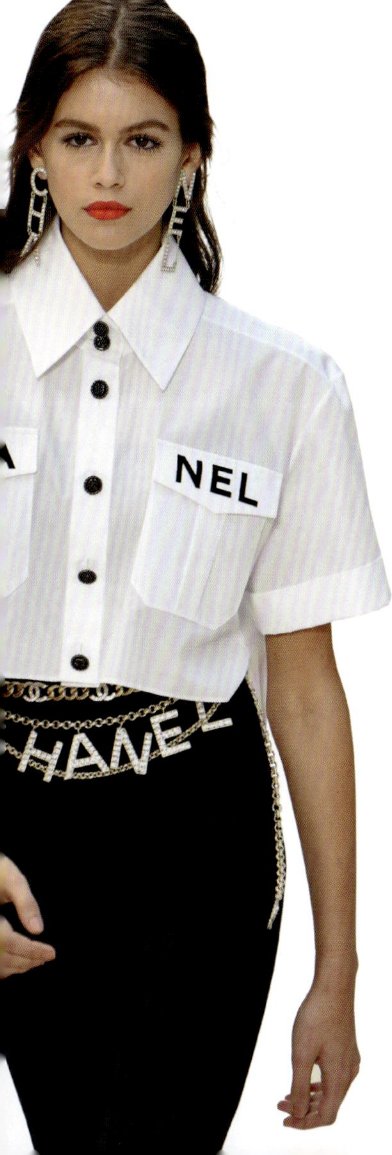

Schwarz & Weiß

Laut Berkeley können Schwarz und Weiß zusammen sehr elegant wirken. Sie rät jedoch, Schwarz oben und Weiß unten zu tragen, um den „Kellner-Look“ zu vermeiden. Schwarz-weiße Streifen sind eine gute Option, um Kontraste zu schaffen, etwa auf einem langärmeligen T-Shirt oder Strick-Shirt. Auch mehrere Schichten sind möglich, etwa ein T-Shirt oder ein Unterhemd unter einem Hemd oder ein Rollkragen unter einem Midikleid. Versuchen Sie es mit Metallic-Accessoires: Silberne oder goldene Schuhe oder eine goldene Tasche passen perfekt zu beiden Farben. Hier sind unendlich viele Kombinationen möglich. Alle in Schwarz und Weiß – aber nie langweilig.

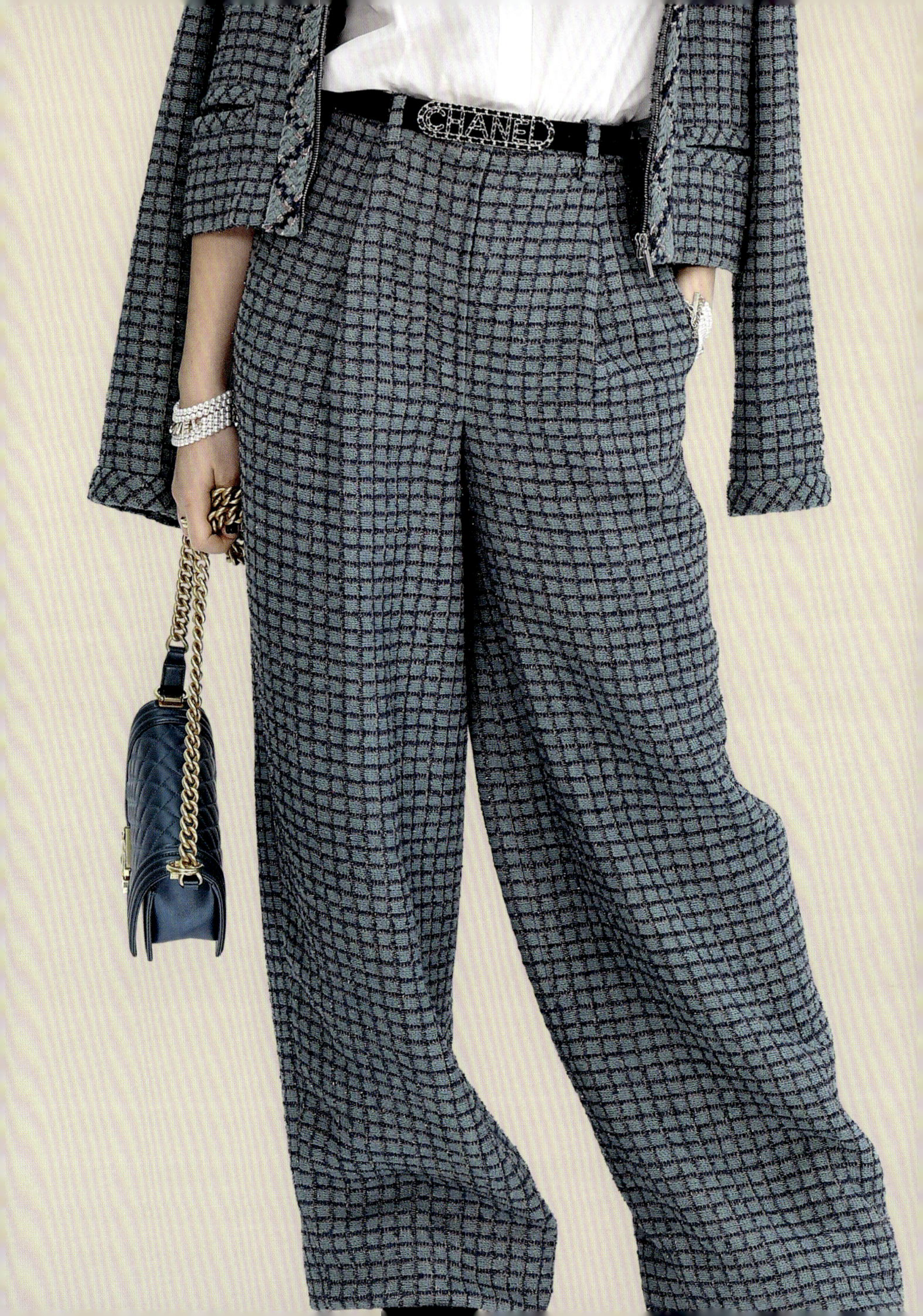
CHANEL

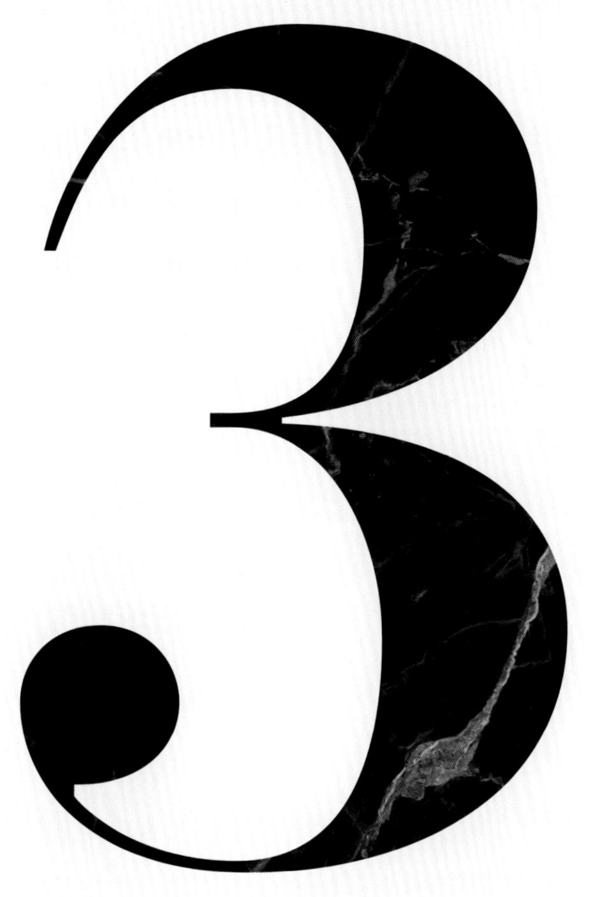

Tragen Sie HOSEN!

„Nichts ist schöner als die Freiheit des Körpers."

Coco Chanel

Inzwischen haben wir uns ein bestimmtes Bild von Coco Chanel gemacht: eine Art Rebellin, die ihren Stilregeln treu bleibt, egal was andere denken oder tun. Sie gibt nicht viel auf Trends (es sei denn, sie diktiert sie selbst) und ist sich nie zu schade, lautstark Kleider zu kritisieren, die alle anderen für todschick halten. Anders zu sein, macht ihr keine Angst, und ihre eigene Ideologie stellt sie nie infrage – jedenfalls nicht, wenn es um Kleider für Frauen geht.

Kein Kleidungsstück verkörpert diese Haltung besser als die Hose. Wirklich. Jeans, Cargohosen, Culottes und Chinos sind heute nichts Außergewöhnliches mehr. Und doch sind sie ein Beleg für Chanels Weitsicht: Sie hielt Hosen für unverzichtbare Kleidungsstücke, als niemand anders so dachte. Sie entdeckte sie für sich, als eigentlich nur Männer sie trugen, und setzte sich während ihrer gesamten Karriere für sie ein, ob sie nun im Trend waren oder nicht.

Chanels Liebe zur Hose beginnt für sie mit dem Ablegen der Klosterschuluniform. Im Alter von 18 Jahren kommt sie aus dem Waisenhaus in ein katholisches Internat, anschließend beginnt sie, als Verkäuferin in Moulins zu arbeiten. So beginnt Chanels Erwachsenenleben:

Gemeinsam mit ihrer Tante Adrienne, die nur ein Jahr älter ist (ihr abwesender Vater hat 18 Geschwister), lebt sie über dem Laden in der Rue de l'Horloge. Auch nachdem ihr Vater verschwunden ist, hat Chanel gelegentlich Kontakt mit ihren Großeltern, dabei freundet sie sich mit Adrienne an. Schon bald führen junge Offiziere die beiden in das Nachtleben der Garnisonsstadt Moulins ein, und Chanel beginnt, öfter in Lokalen zu singen. Angeblich beschert dieses Hobby ihr auch ihren legendären Spitznamen: Eines ihrer beliebtesten Lieder handelt von einem Mädchen, das seinen Hund verloren hat: „Qui Qu'a Vu Coco?" Allerdings wird Chanel dies später bestreiten.

Wir sind noch immer nicht bei den Hosen! Die Einleitung ist aber wichtig, denn in dieser Zeit lernt Chanel einen Offizier kennen, der ihrem Leben und ihrem Stil eine neue Wendung geben wird: Étienne Balsan, der junge Textilerbe, von dem wir im ersten Kapitel erfahren haben, wickelt Coco um den Finger und lädt sie ein, bei ihm zu wohnen. In Balsans beeindruckender Residenz, der ehemaligen Abtei Royallieu, lernt sie zum ersten Mal das Besondere an ihrer Androgynität zu schätzen.

Chanel ist nur eine der Frauen, die sich auf dem Anwesen aufhalten. Es gibt auch Kurtisanen. Doch während die anderen einschnürende Korsetts, steife Krinolinen, schwere Pelze und kratzige Spitze tragen, pflegt Chanel ihren eigenen Wildfang-Look: Reithosen und Jacken, Krawatten und weiße Hemden mit Peter-Pan-Kragen. Das hat zum Teil praktische Gründe: Diese Garderobe eignet sich besser für Reitausflüge, zu denen Balsans Stallungen einladen. Vor allem aber erfüllen sie Chanels Wunsch, sich frei zu bewegen. Sie will keinesfalls durch ihre Kleider eingeschränkt sein. Sie erkennt, mit welcher Leichtigkeit sich Männer durch die Welt bewegen, und leiht sich einfach Elemente bei ihnen aus – oft im wahrsten Sinne des Wortes.

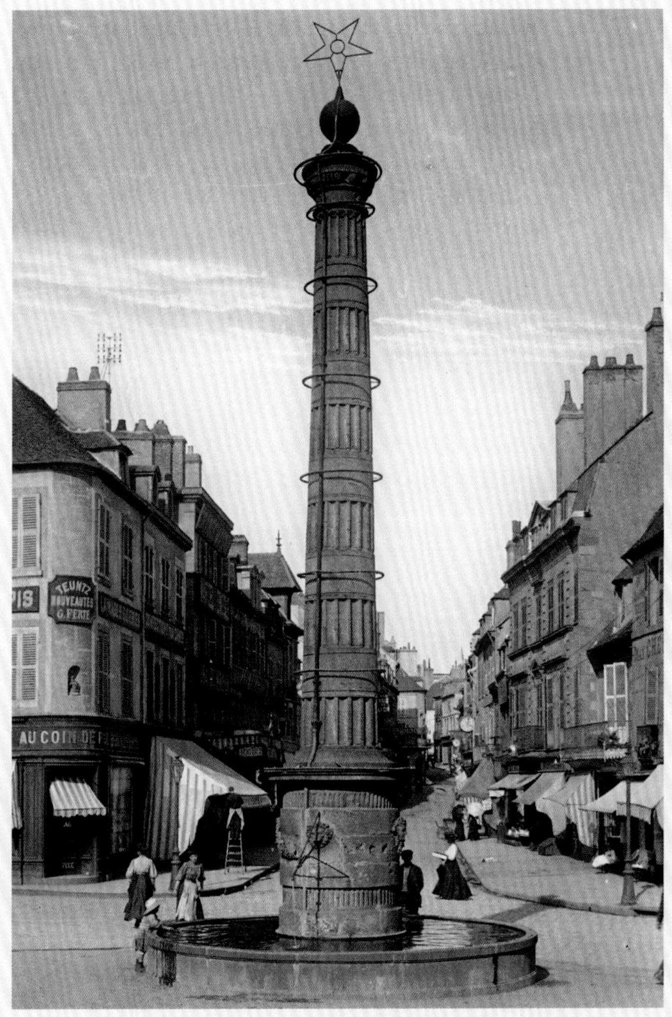

Moulins, Frankreich, um 1900

Dadurch sticht sie aus der Menge heraus, doch ihr Look wird nicht sofort populär. Eher können wir uns vorstellen, dass Chanels Outfits von ihren Zeitgenossinnen argwöhnisch beäugt werden. Es werden noch viele Jahre vergehen, bis die Modeschöpferin ihre Hosen für die breite Masse zugänglich machen wird. Natürlich hat sie das Konzept der Frauenhose nicht erfunden – Hosen haben sich bereits während des Ersten Weltkriegs einen Platz in den Kleiderschränken der Frauen erobert, als diese begannen, Männerarbeit zu verrichten. Aber Chanel prägt die Rolle der Hose als elegantes Kleidungsstück.

Vor allem ein Exemplar zieht die Aufmerksamkeit der Welt auf sich. Ein Foto aus der Zeit um 1930 zeigt Chanel auf dem Lido von Venedig neben dem Herzog von Laurino, der eine enge Badehose trägt. Chanel trägt eine weiße, weit

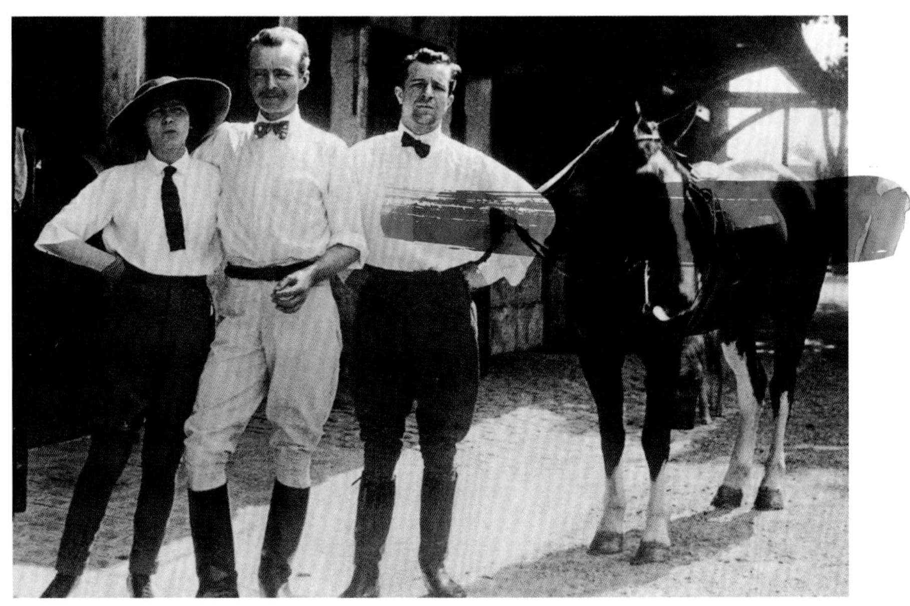

Chanel mit Étienne Balsan (Bildmitte) auf dem Château de Royallieu

geschnittene Pyjamahose mit einem schwarzen Pullover, Perlenketten, Manschetten an den Handgelenken, ein weiß-schwarzes Béret und Espadrilles.

Selbstverständlich hat sie die Hose selbst entworfen – und bald wollen alle eine. In den nächsten zehn Jahren wird sie zum Standardkleidungsstück für Starlets: Greta Garbo trägt Chanel-Hosen, Marlene Dietrich ebenso. Chanel selbst hat für jede Gelegenheit ein passendes Modell: reich bestickt für den Abend oder aus marineblauem Jersey zum Entspannen in ihrem Feriendomizil, der Villa La Pausa in Roquebrune-Cap-Martin.

Chanel nimmt auch dann noch Hosen in ihre Kollektionen auf, als sie schon nicht mehr im Trend sind. Dies sorgt vor allem in den wilden Sechzigern für Kontroversen, als sich der Minirock durchsetzt. Seinetwegen wenden sich junge, hippe und reiche Käuferinnen Yves Saint Laurent zu – Chanel aber verabscheut den Minirock. Sie ist der Meinung, dass die Knie nicht gezeigt werden sollten. Außerdem gehören zu ihren Kunden inzwischen Ehefrauen von Politikern und Royals, für die ein solch gewagtes Outfit undenkbar ist. Als Alternative (vielleicht auch als Vergeltung) entwirft Chanel knielange Bermudashorts.

Für ihre Nachfolger stellen die Knie kein Problem dar. In den Kollektionen von Lagerfeld und Viard gibt es Miniröcke im Überfluss. Dennoch bleiben Hosen eines der Kernelemente der Marke. Von schlabberig und leuchtend pink bis hin zu Logo-überladen und hauteng, bis zur Wade oder bis zum Knie reichend wie die legendären Bermudas: Chanel-Hosen bieten Frauen noch immer die von ihrer Schöpferin erwünschte Bewegungsfreiheit. Und mehr als das: Sie verhelfen ihren Trägerinnen zu einem lässigen Selbstbewusstsein.

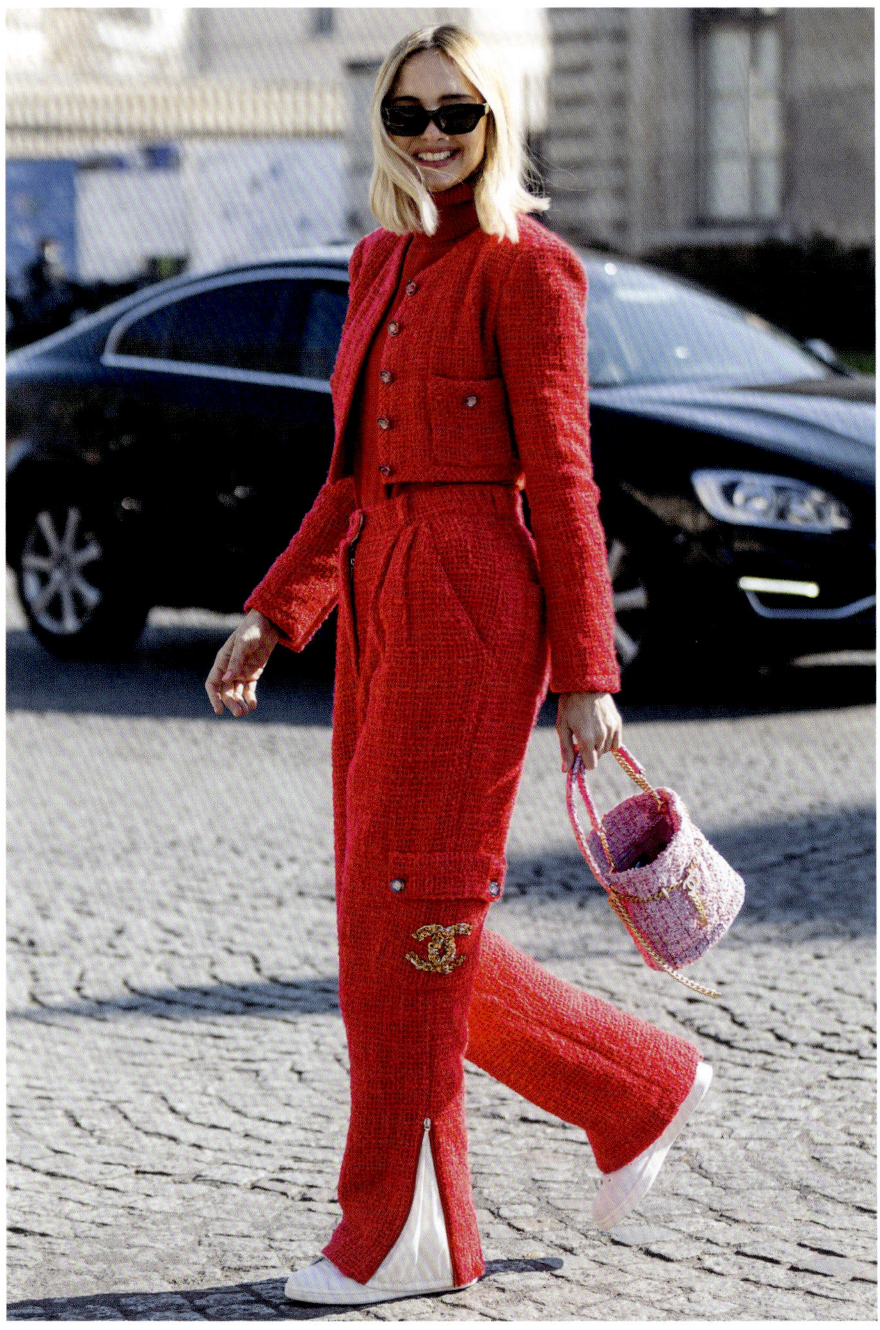

Die Richtige finden

Der Hosenkauf gehört wohl zu den kniffligsten Shopping-Disziplinen. Zu lang oder zu kurz, an der falschen Stelle eng, an anderen Stellen wiederum zu bauchig: Was einer Person hervorragend steht, kann an einer anderen völlig fehl am Platz wirken. Bei der großen Vielfalt an Schnitten, Proportionen und Stoffen das richtige Modell zu finden, erfordert einige Überlegungen. Außerdem werden unzählige verschiedene Stile angeboten. Fürs Büro, fürs Wochenende, für die Cocktail Hour und andere Anlässe: Mehr als eine Hose zu besitzen ist unvermeidlich.

Die Richtige werden Sie jedenfalls erkennen, sobald Sie sie anziehen. Eine Hose kann Sie verändern – elegant, schick, sexy und cool auf einen Schlag. Der folgende Leitfaden kann Ihnen dabei helfen. Er wurde von der Personal-Style-Beraterin und Style-Redakteurin der *Times* Prue White zusammengestellt, die regelmäßig VIPs bei Fotoshootings für Hochglanzmagazine wie auch Normalsterblichen hilft, die richtige Hose zu finden.

Körperform

Die Klassifizierung von Körperformen – insbesondere anhand von Fruchtsorten – kann veraltet wirken. Es geht jedoch weniger darum, Vergleiche anzustellen, als unsere Figur zu verstehen. Schließlich fühlen wir uns besser, wenn wir gut aussehen. Vieles ist reine Mathematik. Es geht darum, das Gleichgewicht und die Proportionen der Silhouette zu optimieren. Die „Dreierregel" ist dabei sehr hilfreich. Betrachten Sie das Verhältnis zwischen Ihren Schultern, Ihrer Taille und Ihren Hüften wie auch den Abstand zwischen diesen.

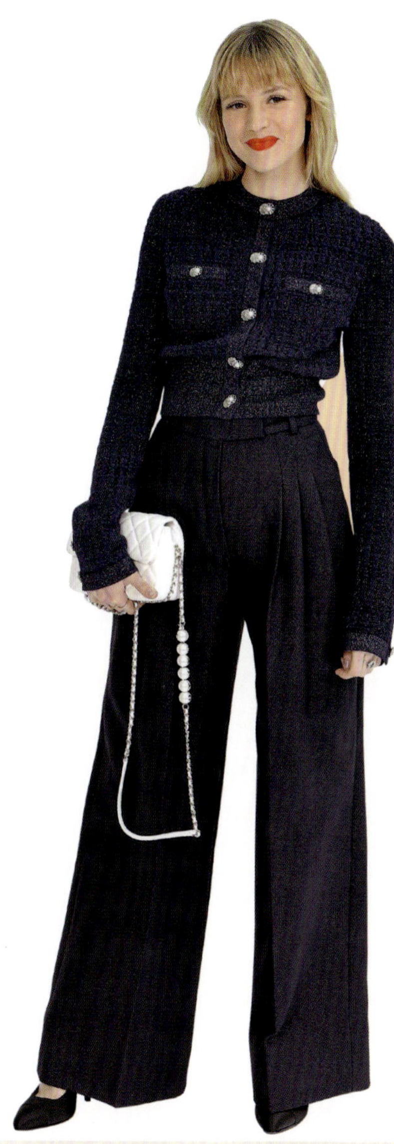

Dreieck

Das Schöne an einem Dreieckskörper ist die schmale Taille im Verhältnis zu den breiteren Hüften. Wählen Sie immer eine hochgeschlossene Hose, die das zur Geltung bringt, und stecken Sie Ihr Oberteil in die Hose, um das Verhältnis zu betonen. Hosen, die den Po sanft und nicht zu eng umschließen und dann in ein gerades oder glockenförmiges Bein übergehen, sind ein echter Hingucker. Mit einem helleren Top und einer dunkleren Hose lässt sich eine „Po-lastige“ Silhouette optisch ausbalancieren.

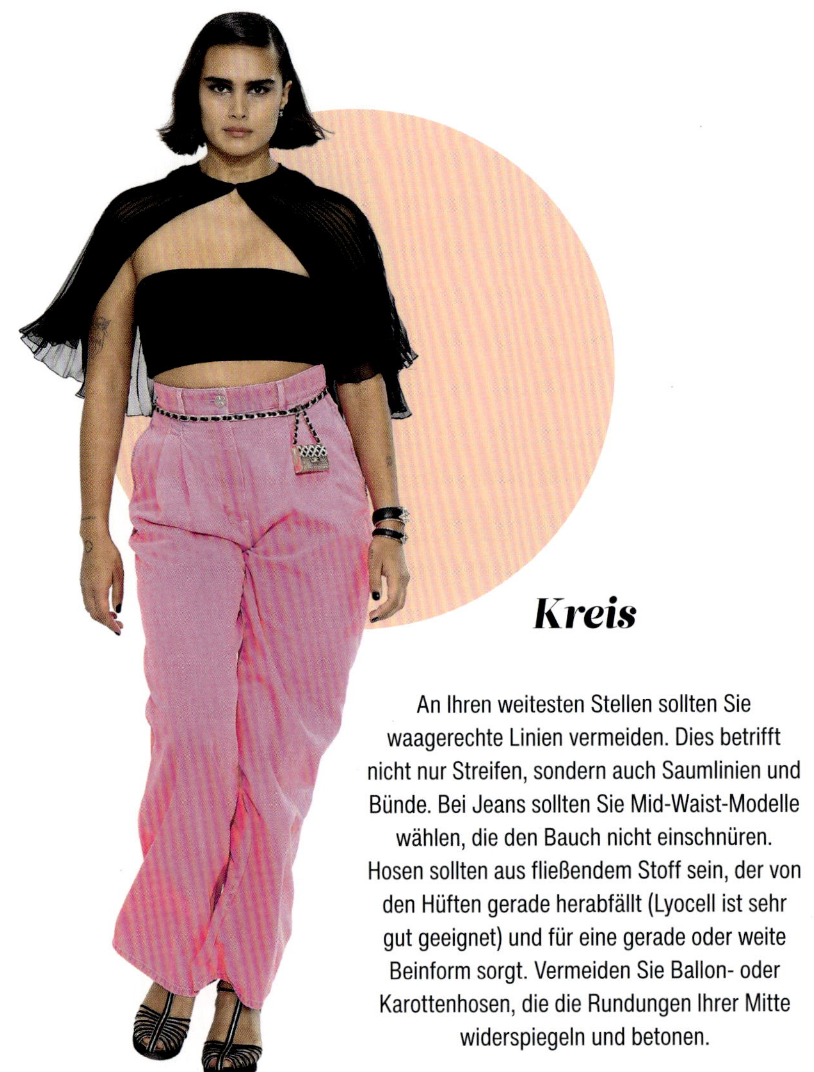

Kreis

An Ihren weitesten Stellen sollten Sie waagerechte Linien vermeiden. Dies betrifft nicht nur Streifen, sondern auch Saumlinien und Bünde. Bei Jeans sollten Sie Mid-Waist-Modelle wählen, die den Bauch nicht einschnüren. Hosen sollten aus fließendem Stoff sein, der von den Hüften gerade herabfällt (Lyocell ist sehr gut geeignet) und für eine gerade oder weite Beinform sorgt. Vermeiden Sie Ballon- oder Karottenhosen, die die Rundungen Ihrer Mitte widerspiegeln und betonen.

Rechteck

Rechteckige Körper verlaufen von oben nach unten relativ gerade, ohne ausgeprägte Taille. Ihre Hose sollte dem einen Kontrast entgegensetzen. Modelle aus fließenden Stoffen sind eine gute Wahl, vielleicht mit Bundfalten, die die Körperlinie weicher wirken lassen. Wenn Sie sich für Bundfalten entscheiden, sollten Sie eine Nummer größer wählen, damit die Falten flach anliegen und sich nicht um die Hüfte spannen. Auch eine lockerer sitzende Boyfriend-Jeans mit halbhohem Bund kann die geraden Linien einer rechteckigen Silhouette abmildern.

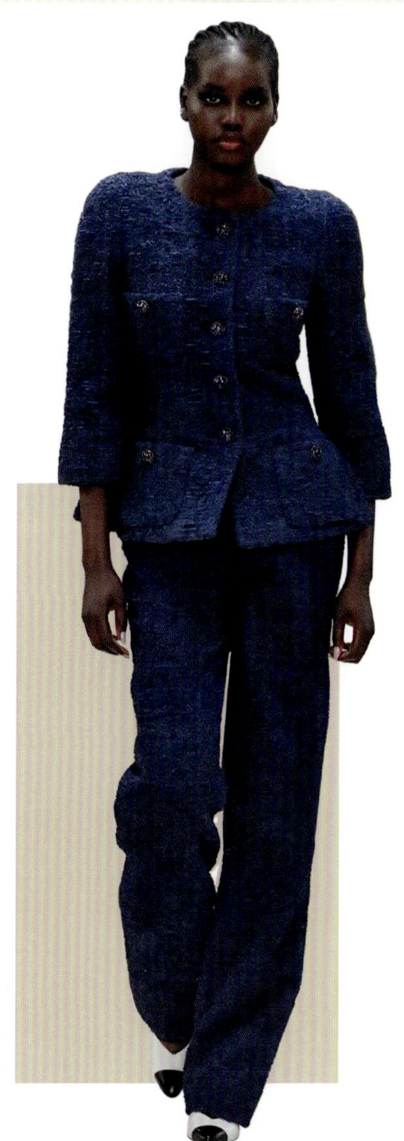

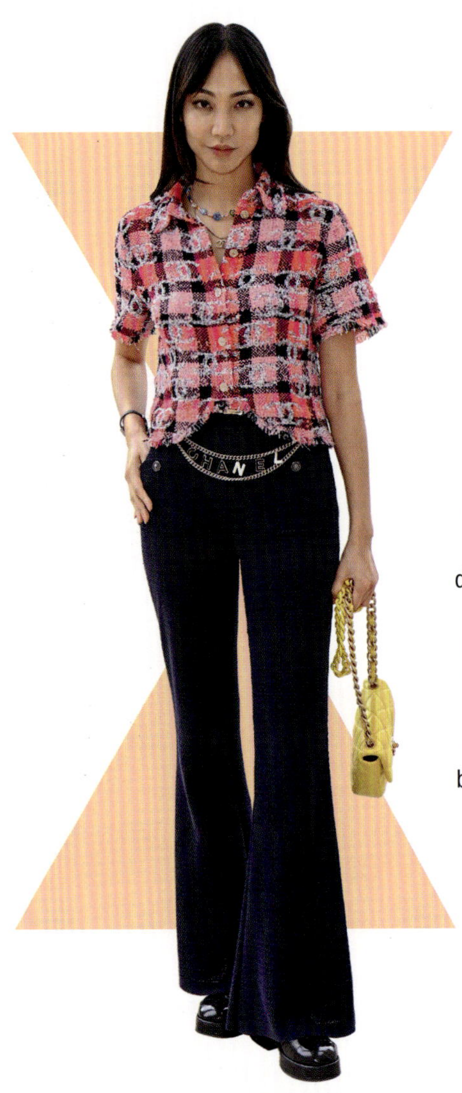

Sanduhr

Die Sanduhrfigur ist von Natur aus gut proportioniert. Torso und Hüften sind im Gleichgewicht, daher sollten Sie eine Hose wählen, die diese Proportionen beibehält. Hochgeschlossene Bootleg- oder Schlaghosen sind ideal. Die hohe Taille bringt Ihre schmalste Stelle optimal zur Geltung, während der breitere Saum einer Schlaghose für ein Gleichgewicht mit der Hüfte sorgt.

Umgekehrtes Dreieck

Für Körper mit breiteren Schultern und schmalen Hüften verwenden wir die Bezeichnung „umgekehrtes Dreieck“. Da wir nach Balance streben, sollten wir die untere Hälfte betonen, um die Breite der Schultern auszugleichen. Hosen mit weitem Bein oder High-Waist-Ballonhosen eignen sich hervorragend, um die Dreiecksform gemäß der „Dreierregel“ aufzubrechen. Hosen aus bedrucktem oder hellem Stoff kommen ebenfalls infrage.

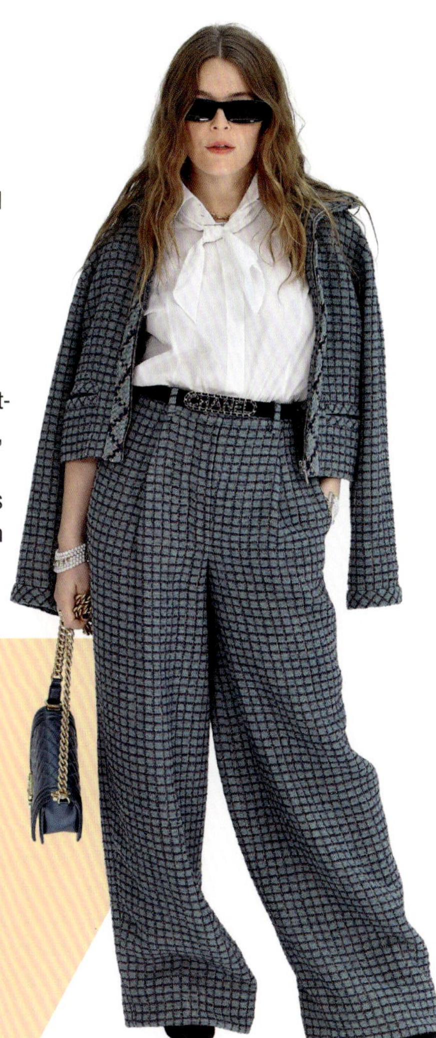

Tipps für zierliche Frauen

Um größer zu wirken, sind gekürzte Hosen sehr effektiv. Besonders geeignet sind Zigarettenhosen mit hoher Taille, die Knöchel zeigen. Die meisten Hosen lassen sich leicht an zierliche Figuren anpassen. Vermeiden Sie jedoch Modelle mit Schlag oder Bootleg, da der Punkt, an dem die Hose breiter wird, zu tief am Bein sitzt. Bundfalten, die am Bein senkrechte Linien erzeugen, verlängern Ihre Silhouette, während Bündchenhosen mit waagerechten Linien am unteren Saum die Beine verkürzen. Das Gleiche gilt für voluminöse Hosen: Sie betonen eher die Breite als die Höhe.

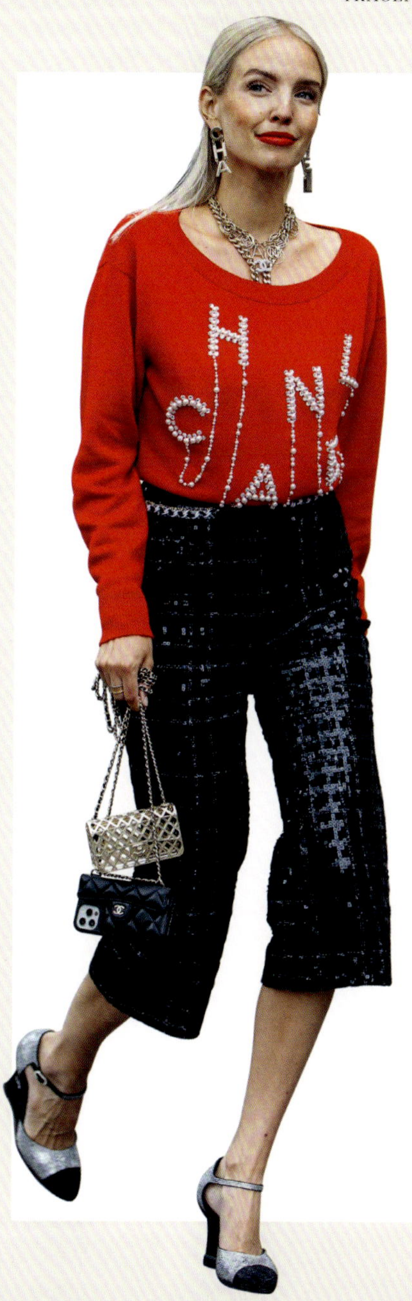

Kurzer Oberkörper, lange Beine

Um einen kurzen Oberkörper mit langen Beinen optisch ins Gleichgewicht zu bringen, wählen Sie Mid-Waist-Hosen. Damit geben Sie etwas Beinlänge an den Oberkörper ab. Längere Tops, die bis zu den Hüften reichen, bringen Ihre Gesamtsilhouette in eine gute Balance. Sie sollten auch in gute BHs investieren, die die Brust anheben. Dies schafft etwas Freiraum um die Hüfte herum und lässt Ihren Oberkörper länger wirken.

Langer Oberkörper, kurze Beine

Da wo wir am längsten sind, sind wir oft auch am dünnsten. Wenn Sie einen langen Oberkörper und kurze Beine haben, ist Ihr Oberkörper vermutlich schlank. Mit einer High-Waist-Hose liegen Sie meistens richtig. Sie betont nicht nur Ihre Hüften, sondern lässt auch Ihre Beine länger wirken und gleicht die Silhouette aus. Die Wirkung stellt sich jedoch nur ein, wenn Sie ein kürzeres Oberteil tragen oder es in die Hose stecken. Falls Sie es nicht vollständig in die Hose stecken möchten, versuchen Sie einen French Tuck. Auch die Lage der Taschen ist wichtig: Die Gesäßtaschen sollten hoch am Po sitzen. Mit Schuhen, die farblich zur Hose passen, lässt sich ebenfalls ein bisschen Beinlänge herausholen.

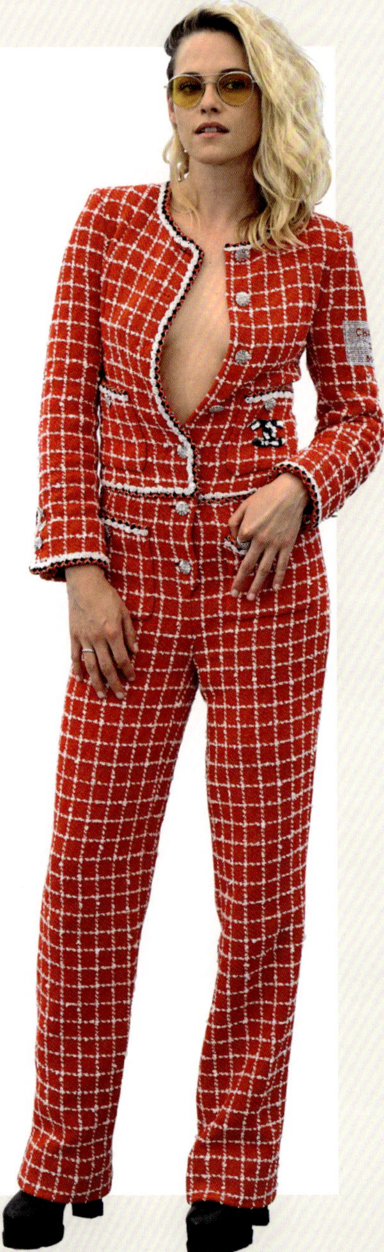

Denken Sie vor allem daran, dass Chanel Hosen entwarf, um Frauen Freiheit zu schenken. Wählen Sie eine, in der Sie sich gut bewegen können, die sich mit mehreren Oberteilen aus Ihrem Kleiderschrank kombinieren lässt und die vor allem bequem ist. Wenn Sie Schwierigkeiten haben, zu atmen oder Ihr Essen zu genießen, ist es nicht die Richtige.

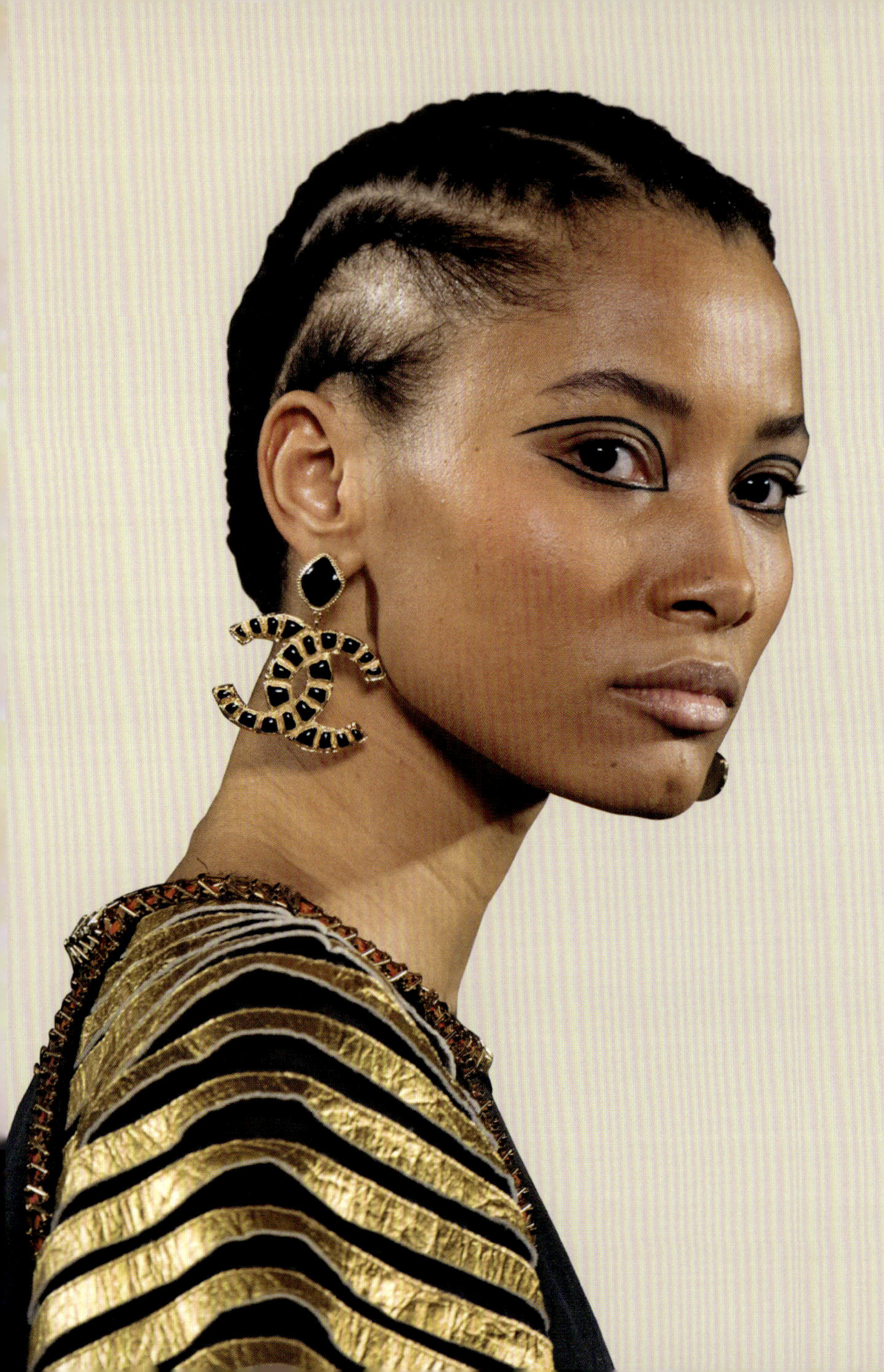

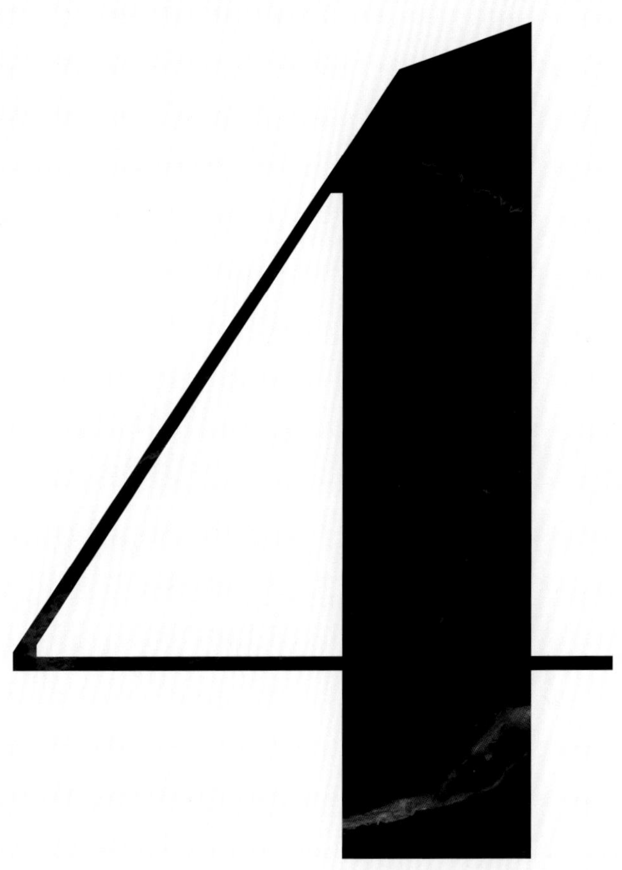

FAKE IT

„Eine Frau braucht Seile und Seile aus Perlen.“

Coco Chanel

Bei der Zusammenstellung eines Outfits folgte Chanel einem berühmten Grundsatz. Vermutlich kennen Sie ihn schon. Eingerahmt verziert er die Wand so mancher Schlaf- und Ankleidezimmer: Bevor Sie das Haus verlassen, prüfen Sie Ihr Outfit im Spiegel und entfernen Sie ein Accessoire. Um den Sinn dieses Ratschlags zu verstehen, sollte man Chanels Haltung zum Thema Schmuck kennen.

Mademoiselle hält nichts von zierlichem Schmuck. Filigrane Ketten, winzige Edelsteine oder subtile Ohrstecker interessieren sie nicht. In Sachen Schmuck denkt sie wie eine Kostümbildnerin: je größer und kühner, desto besser. Man sieht sie selten ohne ihre typischen Manschetten, Perlenketten oder auffälligen Broschen und Ohrringe.

Ich zögere, den Begriff zu verwenden, denn Chanels Schmuck ist zweifellos schön, aber das Wort „offensiv" trifft den Kern der Sache. Mit ihrer schieren Größe, ihren Metallbeschichtungen und ihren bonbongroßen Edelsteinen sehen einige ihrer Schmuckaccessoires wie Rüstungen aus: geradezu klobige Ornamente, die sich keinesfalls für ihre Wirkung entschuldigen.

Und sie sind unecht. Ja, Sie haben richtig gelesen: Chanel verwendet falsche Juwelen. Preziosen in Hülle und Fülle hält sie für eine geschmacklose und schrille Zurschaustellung von Reichtum. Das heißt nicht, dass ihr Modeschmuck billig ist (das ist er noch heute nicht). Vielmehr erhebt Chanel ihn zur Kunstform. Ihr Modeschmuck sind keine Klunker zum Angeben, sondern genauso begehrenswert wie echte Juwelen. Mit dieser „Demokratisierung" macht sie das Tragen von Schmuck allen Frauen zugänglich. Halsketten, Broschen oder Ringe sind nicht länger Statussymbole, die den Reichtum des Ehemannes oder Liebhabers widerspiegeln. Gut situierte Frauen können sie sich selbst leisten und sie täglich tragen, um ihren Chanel-Look zu vervollständigen.

Im Widerspruch dazu (und Chanel scheut keine Widersprüche) trägt sie selbst durchaus echte Juwelen – und die sind meist Geschenke ihrer Liebhaber. Vor allem ein Mann beeinflusst sie: In den 1910er-Jahren lernt sie den emigrierten russischen Großfürsten Dmitri Pawlowitsch kennen. Angeblich sucht Chanel bei ihm Trost, um über den Tod von Boy Capel hinwegzukommen. Pawlowitsch soll ihr eine Perlenkette geschenkt haben, die er bei seiner Flucht vor der Revolution mitgebracht hat, und Chanel soll diese später für ihre Kundinnen nachgebildet haben.

Chanel ohne Perlen? Undenkbar. Sie sind ein Symbol des Hauses. Um Cocos Hals gewickelt sind sie ein weithin sichtbares Markenzeichen. Ich würde sogar wetten, dass es kaum ein Kleidungsstück gibt, das nicht irgendwann in

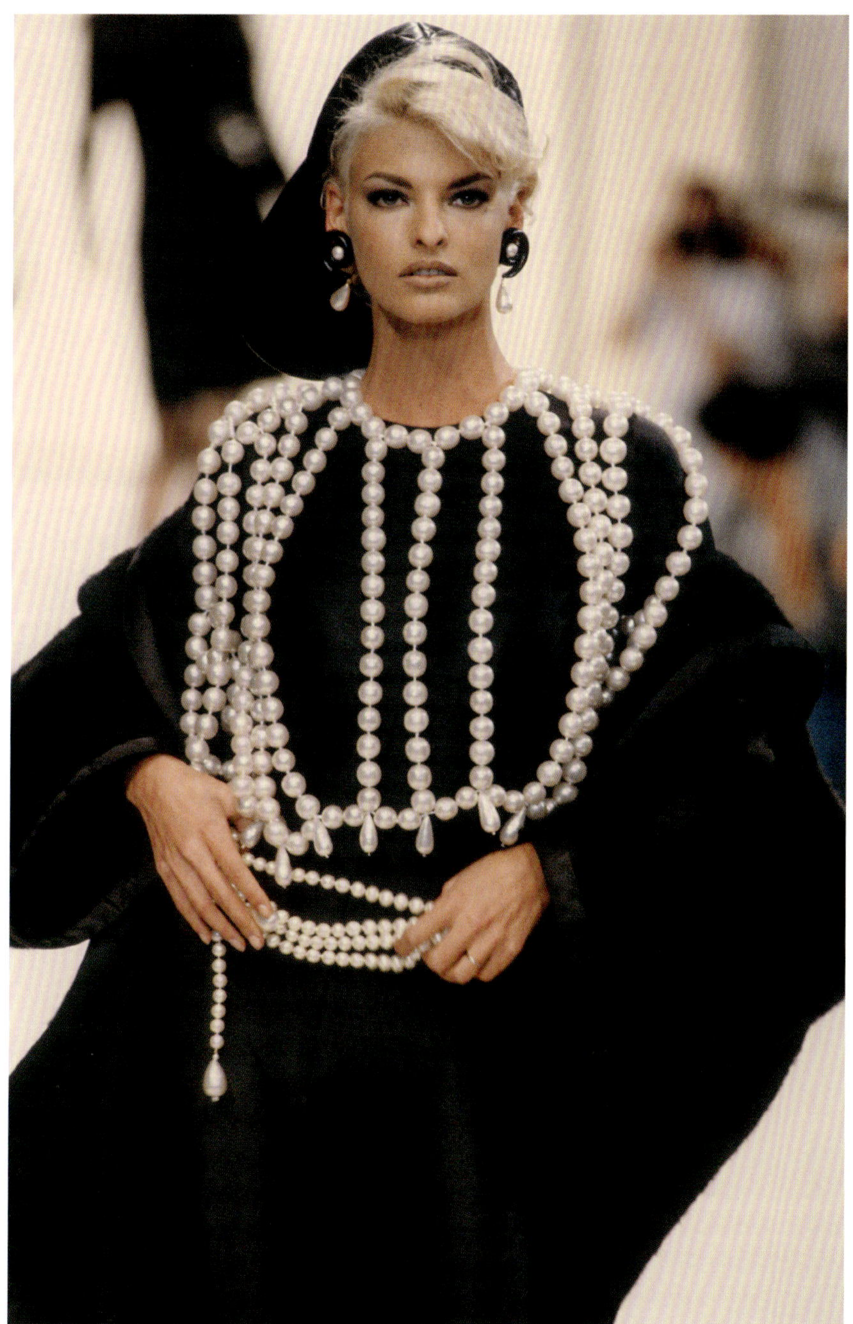

der Geschichte der Marke mit Perlen verziert wurde. Heute denken junge Frauen bei traditionellen Perlenketten an ihre Großmütter, aber nach Chanels Auffassung sind sie universell. Ihre eigenen liebt sie so sehr, dass sie sie regelmäßig am Strand trägt und damit zeigt, wie lässig man mit Schmuck umgehen kann - nicht zuletzt, um die Sonnenbräune zur Geltung zu bringen.

Nur einmal arbeitet Chanel mit echten Diamanten, und zwar, getreu ihrem Motto, als die Welt es am allerwenigsten erwartet: Im November 1932, mitten in der Finanzkrise, präsentiert sie in ihren Privaträumen in der Rue du Faubourg Saint-Honoré *Bijoux de Diamants*, ihre einzige Schmuckkollektion der Kategorie „Haute Joaillerie“ - Schmuckstücke, die so teuer sind, dass sie nicht einmal ein Preisschild haben. Chanel kreiert Schleifen, Federn, Sterne und Kometen aus Tausenden von Diamanten (geschätzter Wert 93 Millionen Francs), die als Broschen, Haarschmuck, Diademe und Halsketten kombiniert oder einzeln getragen werden können. Was treibt Chanel in einer Zeit der Entbehrungen zu dieser Geste des Luxus? Sie erklärt, dass schwere Zeiten nach Authentizität und Dingen mit echtem Wert verlangen. Was könnte da besser passen als Diamanten?

&

Herzog Fulco di Verdura

In den 1930ern lernt Chanel einen wichtigen Wegbegleiter kennen: Herzog Fulco di Verdura, einen märchenhaft reichen sizilianischen Playboy. Über die Art ihrer Freundschaft kann man nur spekulieren. Wir wissen, dass er ein aufstrebender Maler ist und bereits für Chanel Stoffe entwarf. Das Ergebnis der Partnerschaft sind zeitlose Schmuckdesigns. Das berühmteste Exemplar: weiß emaillierte Manschetten, außen mit bunten Edelsteinen in Form des achtzackigen Malteserkreuzes besetzt. Kaum entworfen, tauchen sie schon an den Handgelenken der legendären französisch-amerikanischen Moderedakteurin Diana Vreeland auf – und sind hochbegehrt. Bis heute ist dieses Kreuz ein Symbol des Hauses. Zuletzt war es als Strickmuster auf einem Pullover der Herbst/Winter-Kollektion 2020 zu sehen.

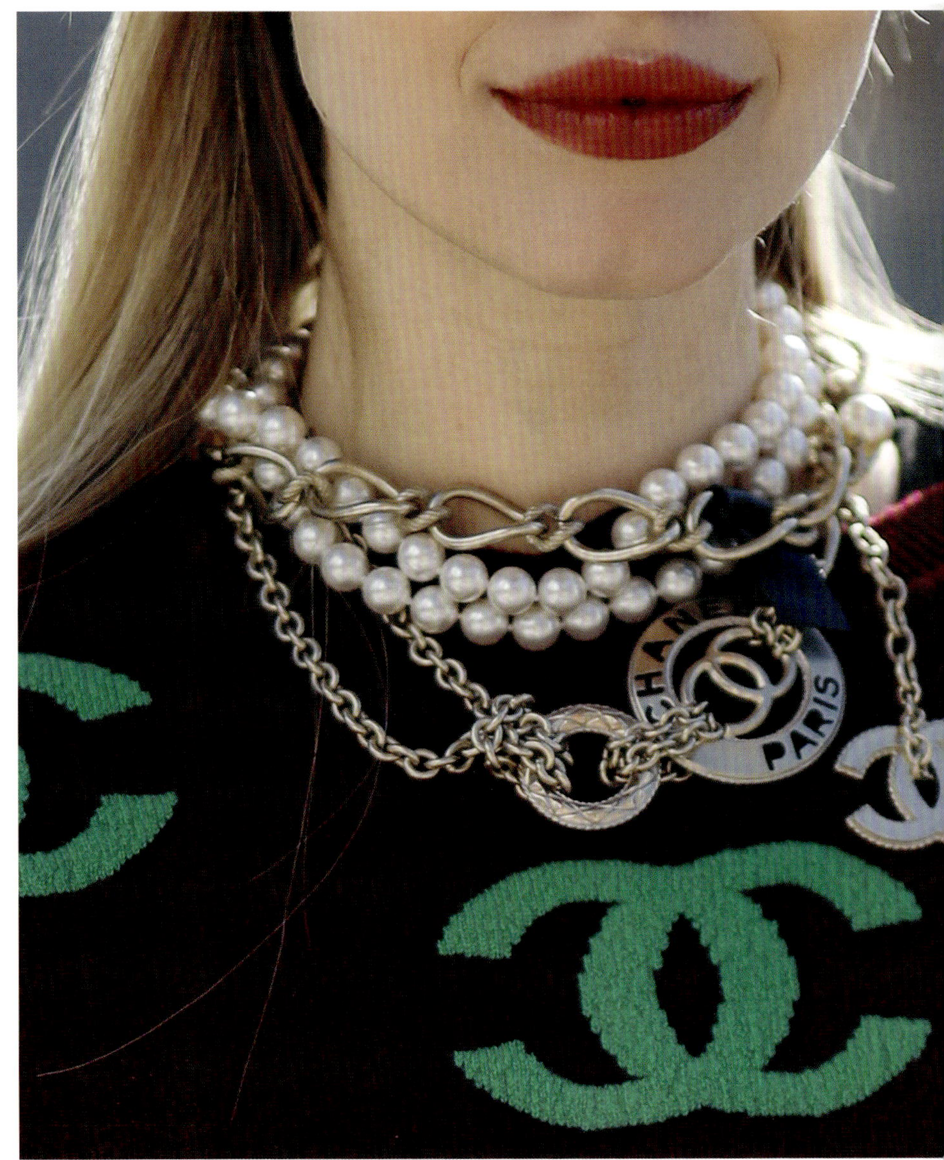
CHANEL
PARIS

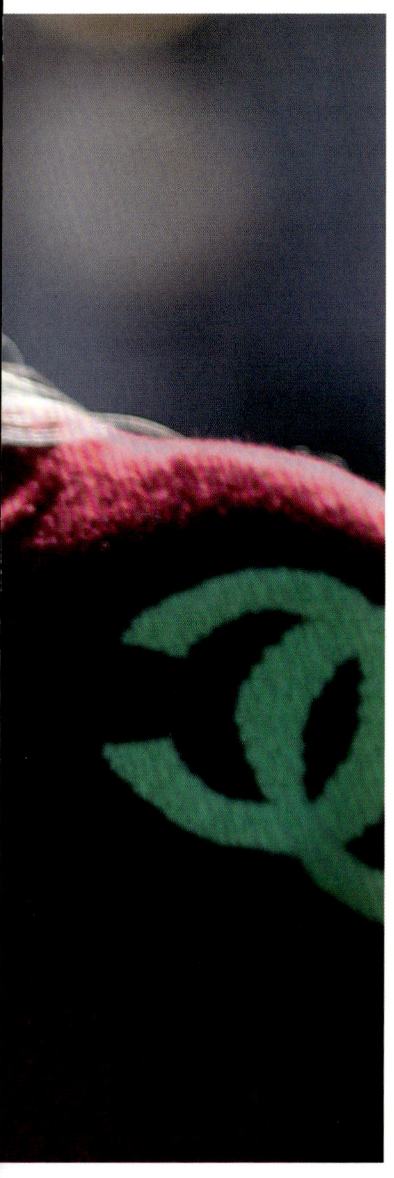

So tragen Sie Ihren Schmuck

Sich Chanels Schmuckstil zu eigen zu machen, ist nicht schwer, und – kaum zu glauben – es kostet keine Unmengen an Geld. Sie müssen keinen Designerschmuck kaufen und auch keinen italienischen Herzog bezirzen. Wie bei allen Chanel-Stilregeln geht es weniger um den Schmuck selbst als darum, wie Sie ihn tragen.

Lektion 1

KOMBINIEREN SIE IHREN SCHMUCK

Erste Lektion: Sie sollten das Kombinieren von teuren und preiswerten Elementen beherrschen. Ich wette, Sie besitzen mindestens ein ganz besonderes Schmuckstück. Vielleicht haben Sie es geerbt, von einem geliebten Menschen geschenkt bekommen oder Sie haben es sich selbst gekauft (Mademoiselle wäre sehr zufrieden mit Ihnen). Der schnellste und einfachste Weg zur Chanel-Attitüde ist, ein solches Stück regelmäßig zu tragen. Chanel hielt nichts davon, kostbaren Schmuck für besondere Anlässe aufzubewahren. Wie wir wissen, trug sie ihre echten Diamanten und Perlen ganz ungeniert jeden Tag, zusammen mit ihrem Modeschmuck. Kombinieren Sie also Ihre wertvollsten Schmuckstücke mit denen, die Sie zur Alltagsdeko anlegen.

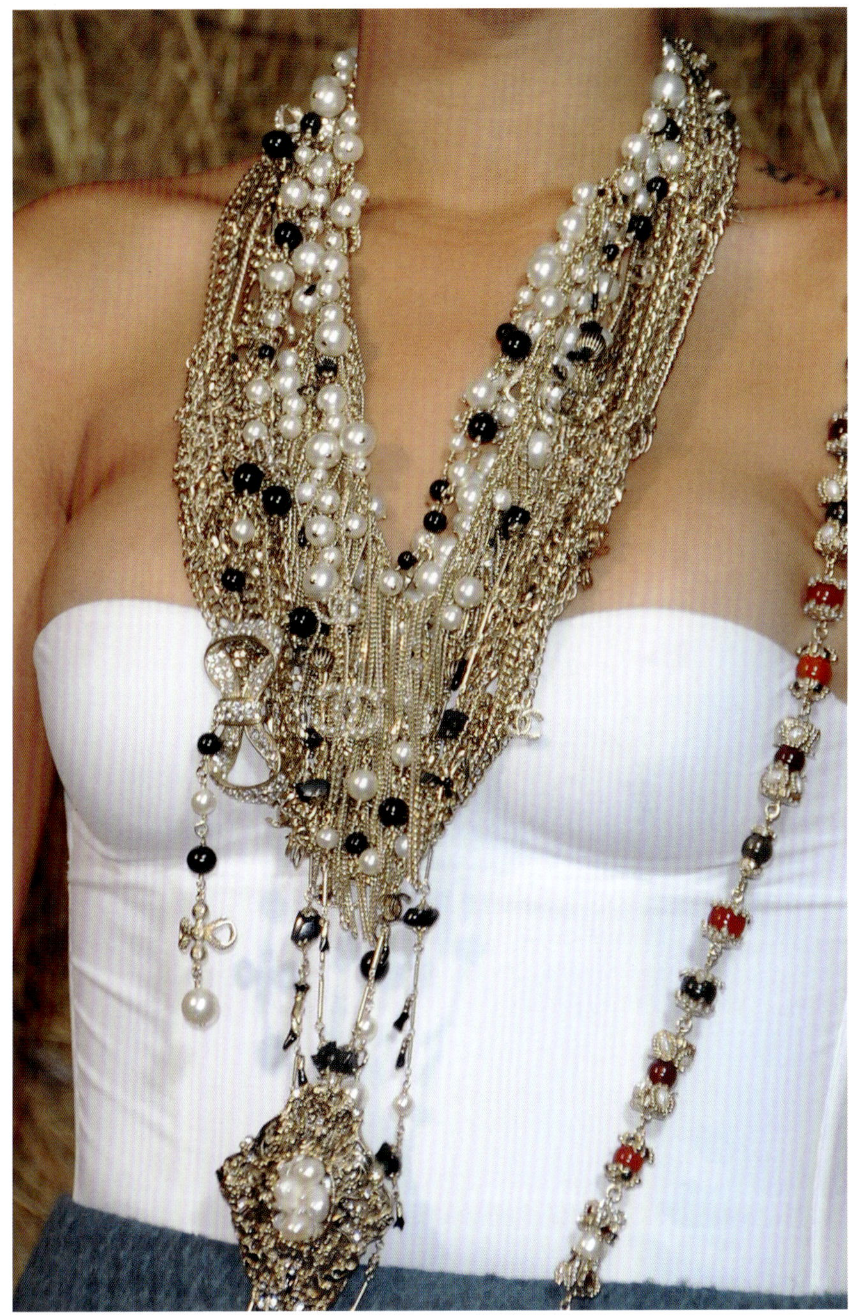

Lektion 2

SETZEN SIE EIN ZEICHEN

Ihr Schmuck sollte als Statement verstanden werden, entweder (a) aufgrund seines Design oder (b) aufgrund des Stylings. Wählen Sie Stücke, die massiv, farbenfroh oder auffällig sind – vielleicht mit einem ungewöhnlichen Materialmix oder mit (echten oder falschen) Bonbon-Juwelen. Gefallen Ihnen zierlichere oder filigranere Stücke besser, kommt Variante b ins Spiel: das Übereinandertragen. Die folgenden zeitgenössischen Trends in Sachen Schmuck-Styling würden Coco Chanel mit Sicherheit gefallen.

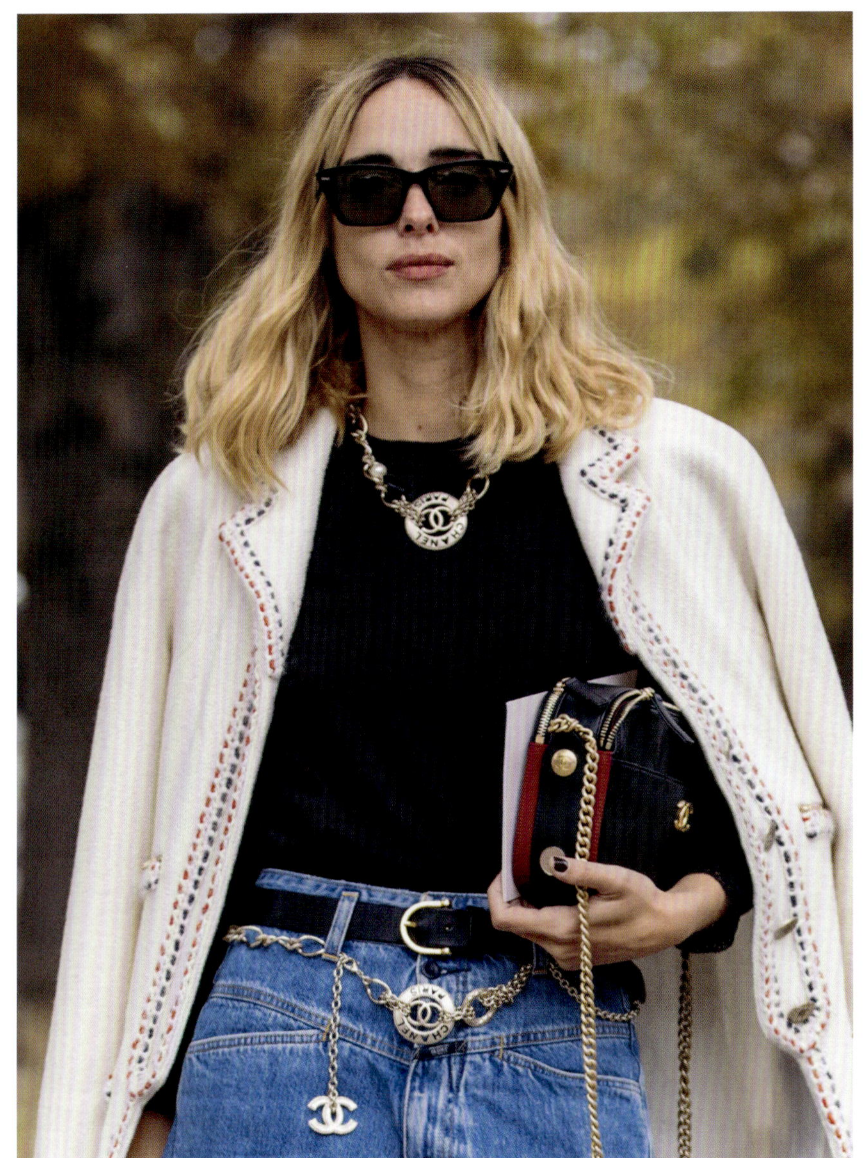
CHANEL
CHANEL

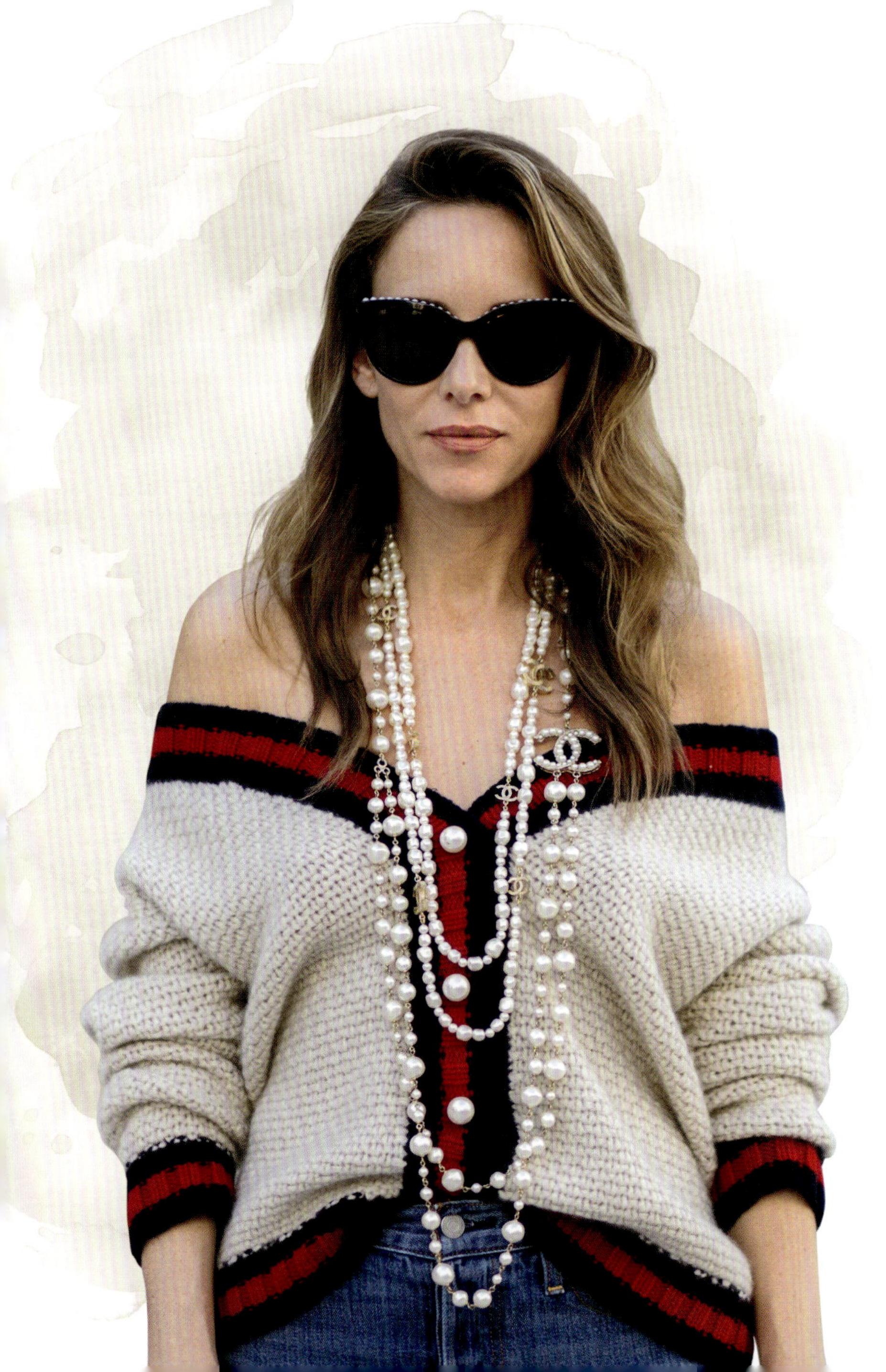

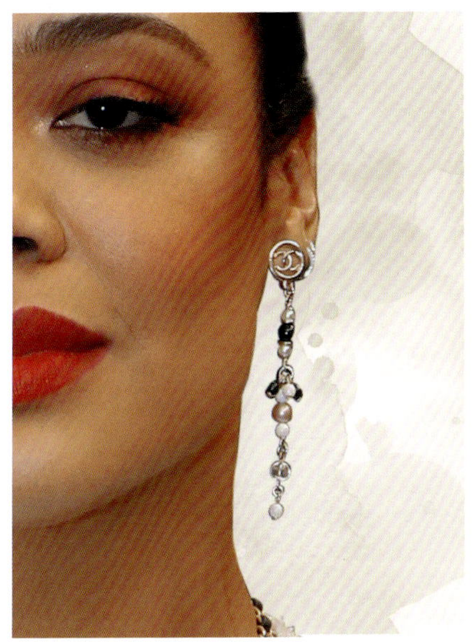

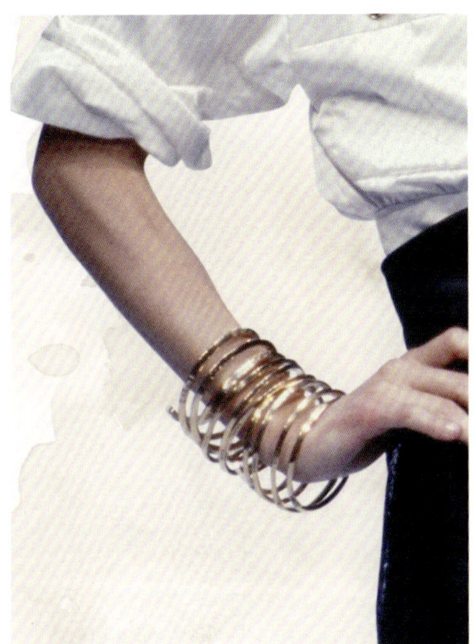

KETTEN-POTPOURRI

Es werden mehrere Ketten getragen, oft in unterschiedlichen Längen und Größen, mit und ohne Anhänger.

RINGE SCHICHTEN

Mehrere Ringe werden übereinander an einem Finger getragen, oder mehrere Ringe werden über beide Hände verteilt.

OHRSCHMUCK ANORDNEN

Verschiedene Ohrringe werden über mehrere Ohrlöcher verteilt an beiden Ohren getragen. Wenn Sie keine Ohrlöcher haben, sind Ear Cuffs ideal.

ARMBÄNDER ANHÄUFEN

Uhr, Manschetten, Armbänder ... Je mehr, desto besser. Bis zum Ellbogen, wenn Ihnen der Sinn danach steht.

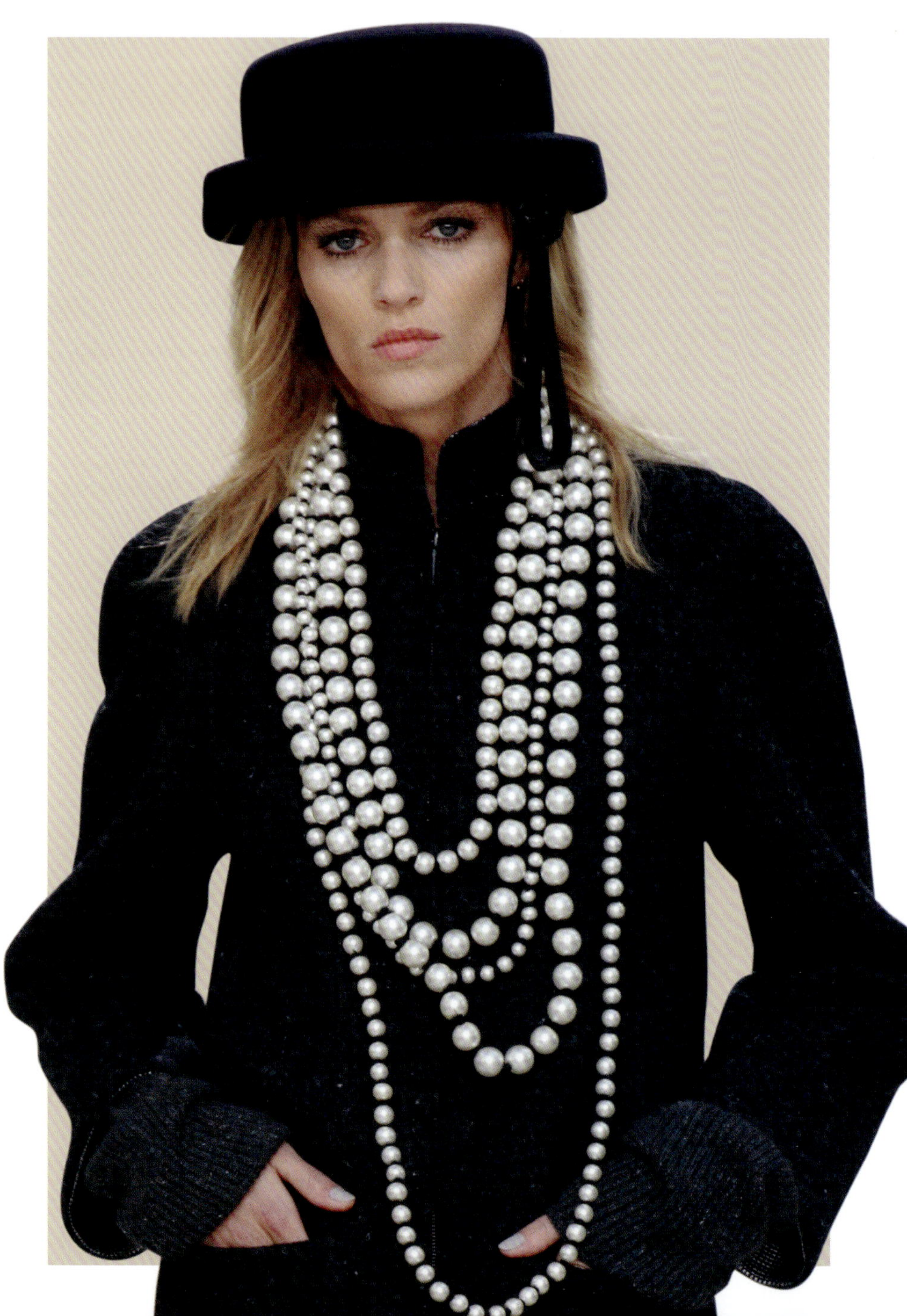

Lektion 3

TRAGEN SIE PERLEN

Perlen sind zeitlos. Und doch sollten sie nicht unbedingt im traditionellen Sinne verstanden werden. Meiner Meinung nach können sie etwas altmodisch wirken, ich denke da an Damen der elitären Oberschicht in Twinset-Strickjacken. Das ändert aber nichts an der Tatsache, dass sie zu jedem Hautton passen. Mein Tipp? Suchen Sie nach „halbedlen" Stücken oder nach modernem Schmuck mit Perlen, wie er im Handel leicht zu finden ist. Als coolere und ausgefallenere Varianten kommen zudem Barock- oder Biwa-Perlen infrage.

Modeschmuck

Wenn Sie wollen, können Sie nach Chanel-Modeschmuck suchen. Verschiedene Vintage-Boutiquen bieten ihn an, zum Beispiel Susan Caplan Vintage. Susan Caplan ist Expertin für Chanel-Modeschmuck. Ihre wertvollen Vintage-Kollektionen finden sich in den Auslagen von Luxuskaufhäusern, angesagten Boutiquen oder online. Ihrer Aussage nach sind Chanel-Stücke weiterhin sehr begehrt, ihre mehrfache Goldbeschichtung macht sie besonders wertvoll und langlebig. Am ikonischsten sind diejenigen mit dem ineinandergreifenden C-Logo. Jedes Stück kann vielseitig eingesetzt werden: Lasso-Colliers können auf dem Rücken getragen, Broschen als Haarklammern verwendet und Halsketten zu Armbändern gewickelt werden. Wahrscheinlich ist dies der klassischste Tipp: Ein Element auf unerwartete Weise zu tragen, wäre genau Cocos Stil.

Eine Anmerkung zu Metallen

In Chanel-Kollektionen überwiegt Gold, erklärt Caplan, es steht aber nicht allen. Als Faustregel gilt: Gold passt zu warmen, Silber zu kühlen Hauttönen. Am Ende ist es auch eine Frage des Geschmacks. Manche finden Gold, andere wiederum Silber kitschig. Wann welches der beiden Materialien in Mode ist, ändert sich ständig. Ich denke, auch hier sollten wir Chanels wichtigste Stilregel befolgen: Vergessen Sie, was die anderen denken! Tragen Sie, was *Ihnen* gefällt.

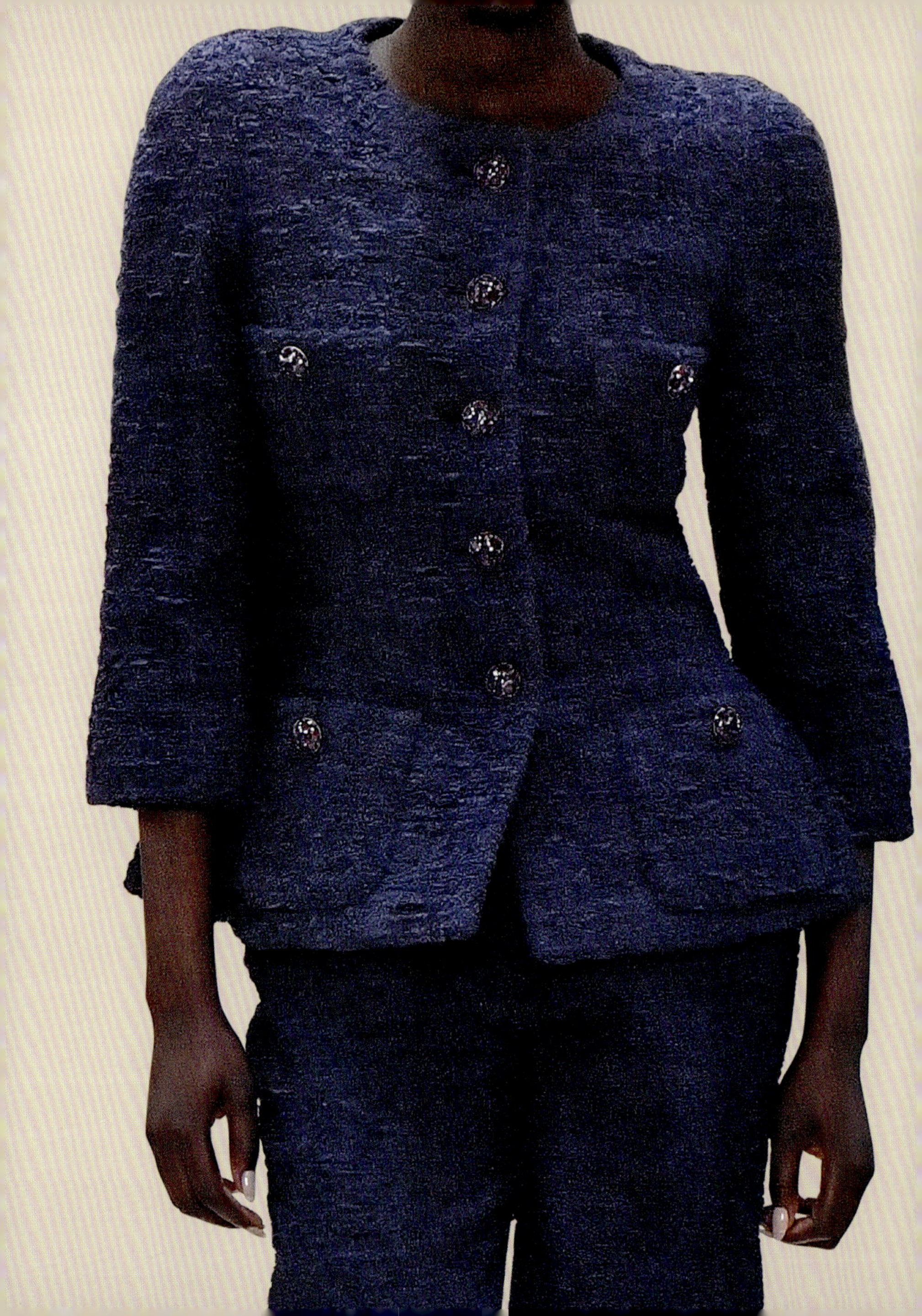

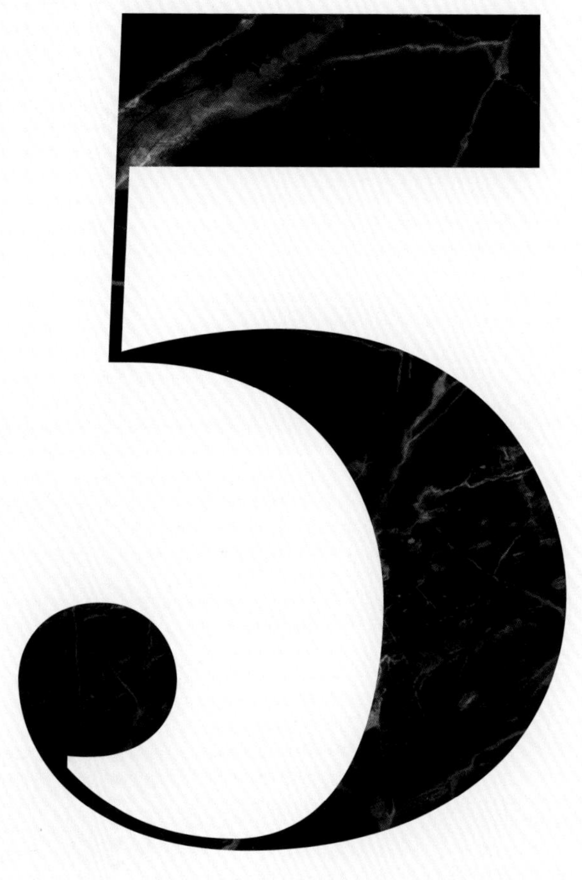

JA ZUM KOSTÜM!

„Schlichtheit ist der Schlüssel zur Eleganz.“

Coco Chanel

Jackie Kennedy Onassis. Prinzessin Diana. Brigitte Bardot. Katharine Hepburn. Supermodels und Starlets. Politikerinnen und Royals. VIPs und berufstätige Wall-Street-Girls. Sogar die Comicfigur Marge Simpson. Alle haben es im Kleiderschrank, zumindest eine Version davon: ein Chanel-Kostüm!

Es ist kein Kostüm, wie man es täglich im Büro sieht. Es hat auch keine dunklen Nadelstreifen. Nein, ein Chanel-Kostüm ist aus Bouclé oder Tweed, hat fast immer einen Ripsbandbesatz, und nie dürfen die ikonischen Messingknöpfe mit dem Doppel-C fehlen. Der Rock ist in der Regel mittellang, das Jackett tailliert. Die Silhouette ist klar und dezent, und *immer* sind Taschen aufgenäht. Die ersten Bilder, die bei einer

Google-Suche zum Thema Coco Chanel auftauchen, zeigen Mademoiselle in diesem Kostüm. Auf der ganzen Welt gilt es als *der* Inbegriff von *Chic*. Kein Kleidungsstück ist ikonischer oder zeitloser, keines wurde öfter kopiert. Und seit nahezu hundert Jahren begeistert es seine Fans.

Ihr erstes Tweedkostüm präsentiert Coco Chanel der Weltöffentlichkeit Anfang der 1920er-Jahre: ein schlichtes, kragenloses Jackett mit Bortenbesatz, dazu ein gerade geschnittener, knielanger Rock. Was zunächst unspektakulär erscheinen mag, ist in Wirklichkeit ein Frontalangriff auf aktuelle Trends, denn das Design zeigt eine gerade Silhouette, obwohl zu dieser Zeit Taille Trumpf ist. Zweiteilige Anzüge sind Männern vorbehalten, und Chanels Entwurf wird besonders von einem Mann geprägt: Hugh Grosvenor, Herzog von Westminster (oder *Bendor*, wie ihn seine Freunde nennen).

Im ersten Jahr ihrer Affäre mit ihm entwirft Chanel ihr erstes Kostüm. In dieser Zeit verweilt sie oft und lange in Großbritannien. Der Herzog besitzt zwei große Landsitze in Chester (Eaton Hall) und Schottland (Lochmore). In beiden Residenzen gehört Chanel bald zu den festen Mitgliedern des Haushalts beziehungsweise wird zur Lady des Hauses. Sie begeistert sich für ländliche Aktivitäten wie Angeln und Schießen, veranstaltet rauschende Partys für Prominente wie Winston Churchill und drückt dem Interieur ihren Stempel auf. Auch die Garderobe des Herzogs lernt sie zu schätzen: maskuline Sportkleidung und Tweed. Warum, denkt sie, sollte sie sich anders kleiden als die Männer in ihrer Umgebung?

Eines Tages bestellt sie Tweedstoff bei einer schottischen Fabrik. Als Farbreferenz bringt sie rosa und violettes Heidekraut ins Spiel – und haucht dem altehrwürdigen Stoff einen völlig neuen Glamour ein. Inspiration findet sie auch in der Uniform der Hausangestellten, die gestreifte Westen

& Hugh Grosvenor

Bei einem Dinner in Monte Carlo lernt Chanel 1923 den Herzog von Westminster alias Hugh Grosvenor (oder *Bendor*) kennen. Damals ist er mit seiner zweiten Frau verheiratet, was ihn nicht davon abhält, mit Chanel eine Affäre zu beginnen, die zehn Jahre und bis in seine dritte Ehe hinein andauern wird. Und das Ende? Der Herzog macht Chanel schließlich einen Heiratsantrag, doch die möchte sich nicht in die Reihe der Herzoginnen von Westminster einreihen.

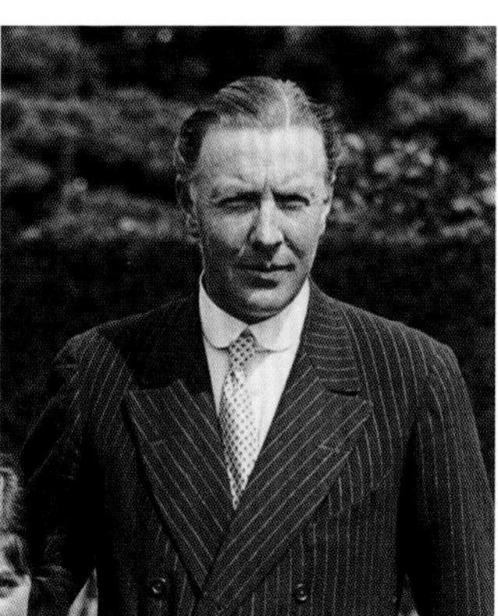

tragen. Chanel beginnt, auch für ihre Kundinnen Kostüme zu entwerfen. Ihre Idee: Frauen sollen Bewegungsfreiheit und Komfort genießen, ohne auf Eleganz verzichten zu müssen. Chanels erste Kostüme sind nicht streng auf Maß geschneidert, haben also keine einschnürende Taille und keinen engen Rock, in dem man kaum sitzen kann. Die Taschen sind praktisch dimensioniert, sodass die Trägerin keine Handtasche braucht. Wie so viele ihrer Kreationen ist auch ihr Kostüm ein feministisches Zeichen. Ein Schnitt, der zu einer der berühmtesten Silhouetten der Welt werden wird.

Der Durchbruch lässt jedoch noch einige Jahre auf sich warten. Er findet schließlich nicht in Paris, Schottland oder England statt – sondern in Amerika. Um das zu verstehen, müssen wir ins Jahr 1954 vorspulen. Die 71-jährige Coco Chanel öffnet erneut die Türen Ihres Haute-Couture-Hauses. Das Etablissement war nämlich geschlossen, und zwar aus zwei Gründen: Zunächst einmal der Zweite Weltkrieg – „keine gute Zeit für die Mode", wird Chanel später erklären. Der Erste Weltkrieg allerdings hatte sie nicht aufgehalten ... Wir erinnern uns: In den 1910er-Jahren floriert Chanels Geschäft. Diesmal aber geht der Krieg für Chanel zudem mit einem massiven Reputationsverlust einher.

In ihrer Biografie ist dies eine komplizierte Phase. Dass sie mit einem deutschen Diplomaten liiert ist, ist kein Geheimnis. Hans Günther von Dincklage, blond, gut aussehend und 13 Jahre jünger als sie, arbeitet zunächst als Kulturattaché der deutschen Botschaft in Paris, später als angeblicher Journalist. In der Pariser Gesellschaft genießt er den Ruf eines Playboys. Und: Er ist ein deutscher Spion. Das Verhältnis wirft später Fragen auf. Es wird behauptet, Chanel hätte über Vermittlung von Dincklages ihre Dienste Adolf Hitler angeboten. Jedenfalls wirft man ihr einen unverzeihlichen Mangel an Patriotismus vor.

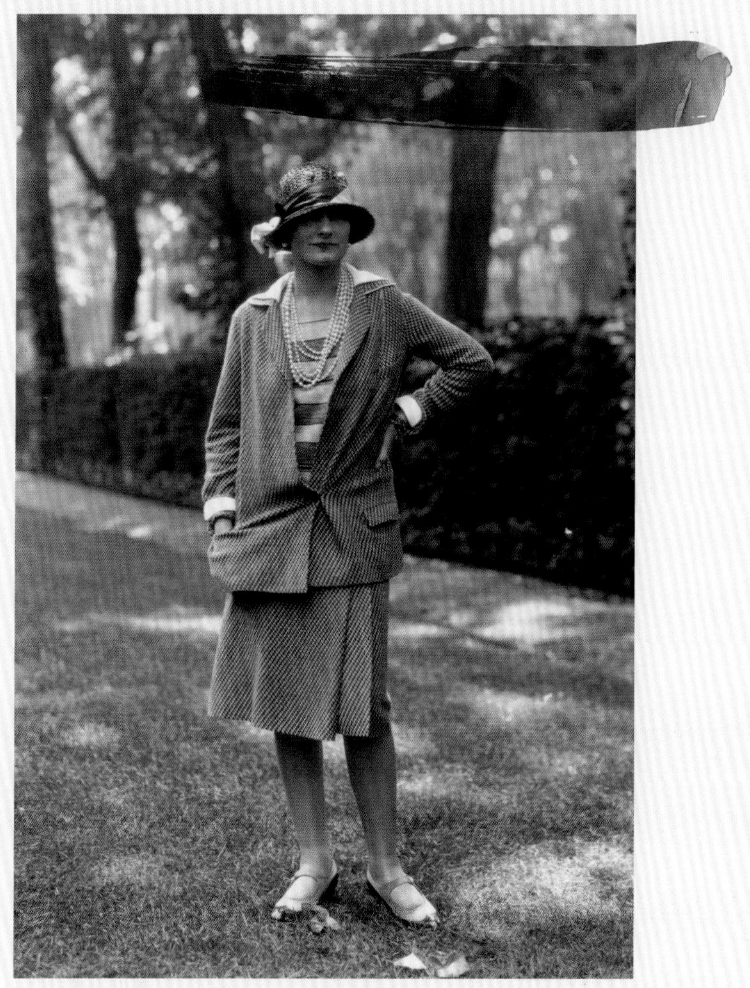

Coco im Chanel-Kostüm, 1929

Vielleicht hat sie nur versucht, im besetzten Paris zu überleben? Es kann auch sein, dass sie sich – gemäß ihrer Lebenseinstellung – keinen Anstandsregeln verpflichtet fühlte und von Dincklages wahre Rolle absichtlich ignorierte. Die Wahrheit werden wir wohl nie erfahren. Chanel wird jedenfalls nie offiziell der Kollaboration beschuldigt. Dennoch: Aufgrund ihres beschädigten Rufes sieht sie sich gezwungen, ihr Geschäft in der Rue Cambon 31 vorübergehend zu schließen. Sie taucht in der Schweiz unter und hält sich mit dem Verkauf ihres Parfums über Wasser.

Kehren wir zurück zum 5. Februar 1954. Chanel eröffnet ihren neuen Salon und stellt ihre „Comeback"-Kollektion der Presse vor. Die Reaktionen sind katastrophal. Mit Ausnahme von Rosamond Bernier, Redakteurin der amerikanischen *Vogue*, kanzeln die Kritiker ihr Werk als veraltet und langweilig ab. Der Vorwurf lautet, man hätte das alles schon einmal gesehen. Was in gewisser Weise auch stimmt, denn die Chanel-Silhouette bleibt während ihrer gesamten Karriere unverändert. Nun kämpft Chanel allerdings mit ihrer geraden Form gegen den neuen Sanduhr-Look an, mit dem Christian Dior großen Erfolg hat.

Doch sie lässt sich nicht beirren, und ihre Hartnäckigkeit trägt Früchte: Rosamond Bernier glaubt an Chanels Vision einer unkomplizierten und bequemen Mode. Ihr Lob haucht dem Haus Chanel neues Leben ein. In der amerikanischen *Vogue* präsentiert Bernier die neuen Kostüme ihren Mitbürgerinnen – und die sind begeistert. Bald kommt auch der Rest der Welt wieder auf den Geschmack: Mitte der 1960er-Jahre sind sieben von zehn in Paris verkauften Kostümen Chanel-Kopien.

Eine Amerikanerin entwickelt eine ganz besondere Vorliebe für Chanel-Kostüme: Jacqueline Bouvier Kennedy (aka Jackie), Ehefrau und spätere Witwe des Präsidenten John F. Kennedy. Von einer First Lady wird eigentlich erwartet, keine französischen Marken zu tragen. Und in der Tat: Als ihr Mann vereidigt wird, gelobt sie amerikanischen Labels die Treue. Doch darf sie nicht auch Chanel lieben, wie alle anderen It-Girls? Reproduktionen sind die Lösung: Die Chanel-Kostüme der First Lady werden in Paris entworfen und zugeschnitten, aber in New York zusammengenäht.

Sie heben die Augenbrauen? Zu dieser Zeit ist das ein völlig akzeptabler Vorgang. Ohnehin sind bis 1978 *alle* Chanel-Kleider Haute Couture, in der Fertigung eines Kostüms stecken knapp zweihundert Stunden Handarbeit. Und so kommt es, dass Jackie Kennedy am Tag des Attentats auf den Präsidenten in Dallas am 22. November 1963 ein Modell in Kaugummirosa mit marineblauem Besatz trägt. Das Foto von Jackie Kennedy im blutbespritzten Chanel-Kostüm ist vielleicht das berühmteste Bild dieses Kleidungsstücks – wenn auch das erschütterndste. Das Kostüm wird bis heute in unverändertem Zustand im Nationalarchiv aufbewahrt.

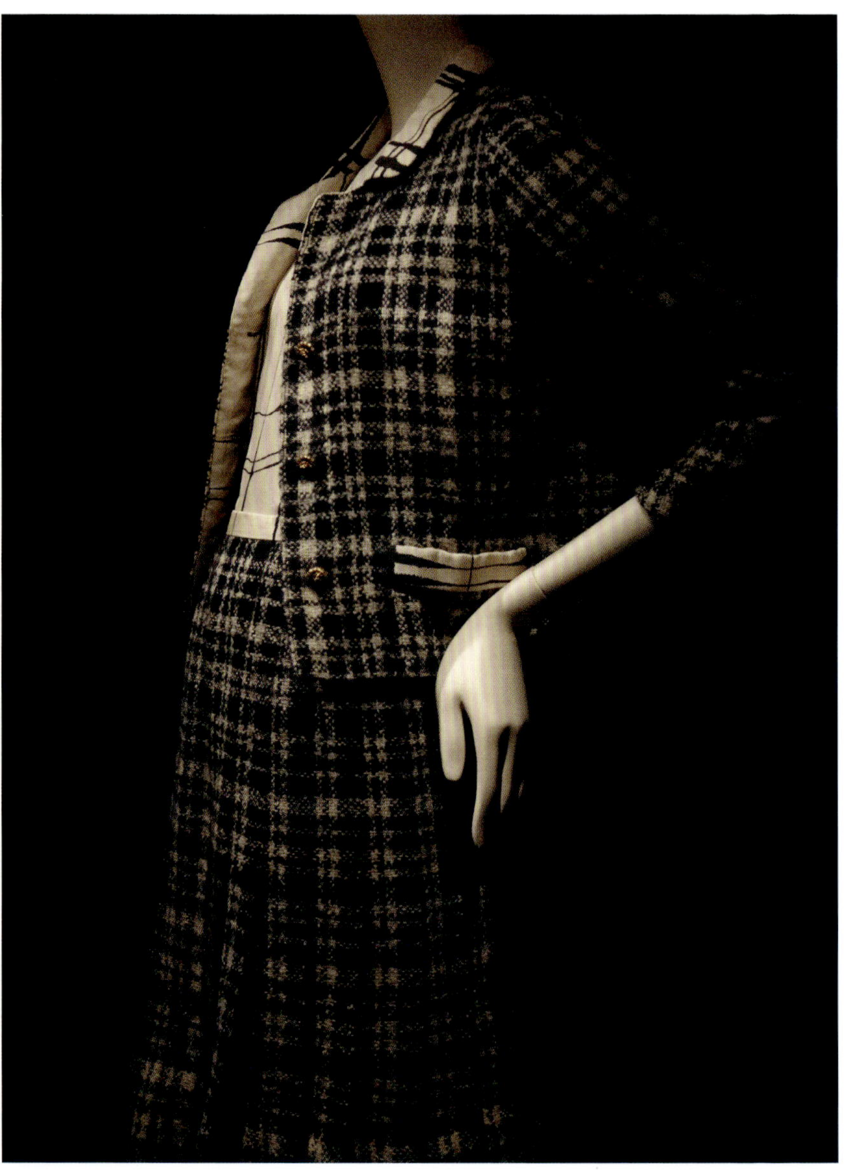

So tragen Sie Ihr Kostüm

Unzählige Versionen von Chanel-Kostümen mit Rock werden Jahr für Jahr in Boutiquen angeboten. Aber wann haben Sie zuletzt eines getragen? Lassen Sie mich raten: nicht in letzter Zeit. Vielleicht noch nie? Womöglich besitzen Sie den kleinen Tweedrock oder das Jackett, aber nicht beides. Der klassische Chanel-Zweiteiler mag für das Wochenende zu edel, fürs Büro wiederum nicht angepasst genug wirken. Dazu kommt, dass der Trend immer mehr in Richtung Lässigkeit geht (sogar Chanel verkauft Jeans). Wann also sollte man ein Kostüm tragen?

„Immer dann, wenn eine einfache Form mit endloser Vielseitigkeit gefragt ist“, erklärt die Stylistin Annabel Hodin. Denn bei Chanel gilt die bewährte Prämisse: Ein Kostüm soll Selbstvertrauen verleihen und angenehm zu tragen sein. Es kommt also darauf an, eines zu finden, das die richtige Form für Sie hat. Hodin, die berufsmäßig Frauen aller Größen einkleidet, gibt uns folgende Tipps:

Vermeiden Sie zu lange, zu weite oder zu enge Röcke (etwa Bleistiftröcke). Modelle mit A-Linie und Faltenröcke eignen sich für die meisten Körperformen.

Sind Sie kleiner, passen Sie die Rocklänge Ihrer Größe an. Röcke bis unters Knie haben einen streckenden Effekt – ein Saum auf mittlerer Wadenhöhe wirkt schmeichelhaft.

Ungeachtet Ihrer Größe oder Figur sollte Ihre Taille betont werden. Achten Sie darauf, dass Ihr Jackett nur bis dorthin reicht, oder tragen Sie einen Gürtel.

Ein vollerer Rock mit Taillenzug passt zu allen Körperformen, insbesondere zur Sanduhrfigur. Bei größeren Oberweiten werden taillierte Oberteile und Taillenzüge empfohlen.

Haben Sie das richtige Kostüm gefunden, können Sie unendlich viele Stylings ausprobieren. Kombinieren Sie es mit modernen – vielleicht sogar ungewöhnlichen – Kleidungsstücken. Ich zum Beispiel mag Miniröcke. Sie wirken jung und frisch. Auch Boxy Jackets gefallen mir gut. Meine Outfits würde ich folgendermaßen kombinieren.

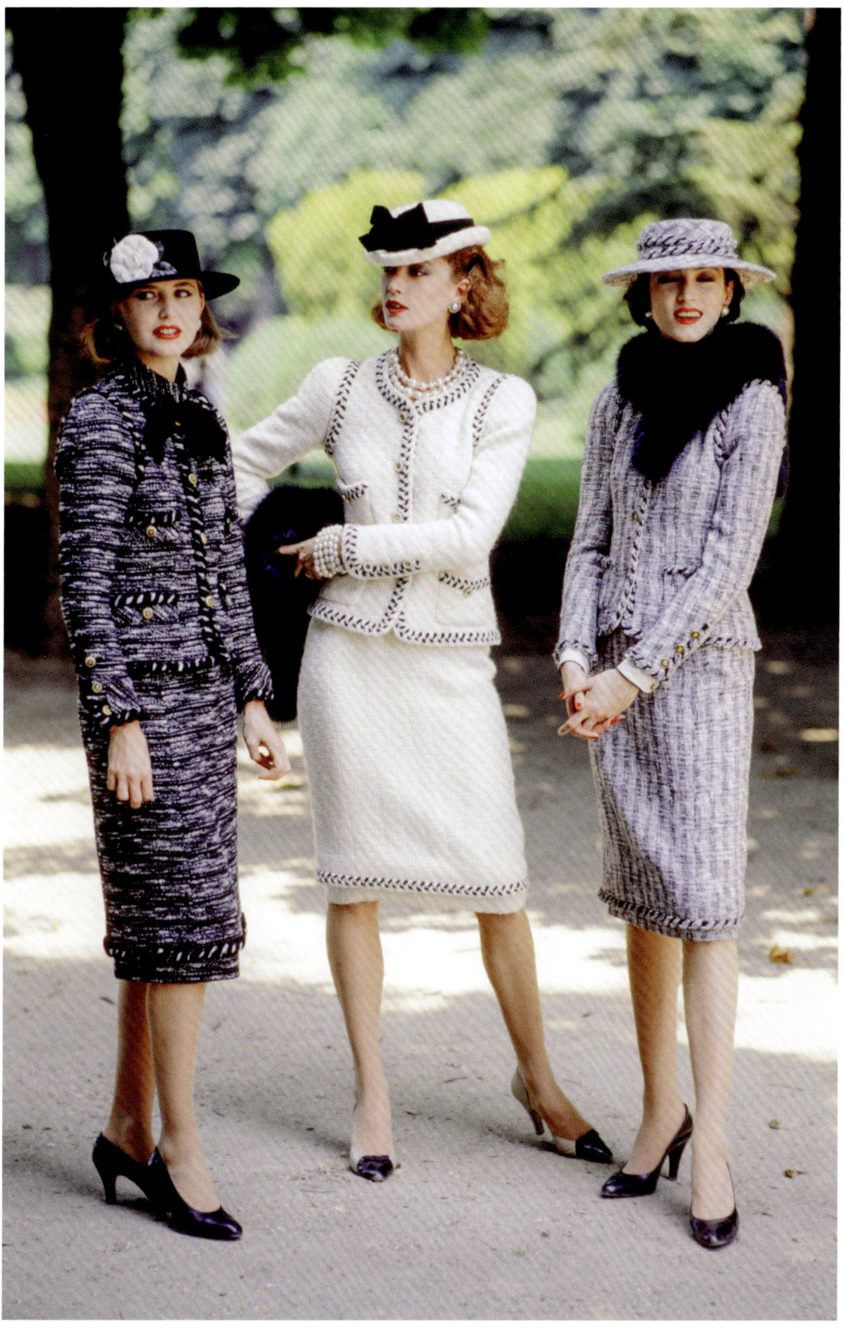

Outfit-Ideen

Für den Chanel-typischen Kostüm-Look müssen Sie nicht unbedingt einen Rock tragen. Die unten genannten Miniröcke können problemlos gegen Shorts, der Midirock gegen Bermudas oder Hosen getauscht werden. Was auch immer Sie wählen, auf den Bouclé-Tweed und die goldenen Knöpfe kommt es an – und diese Kombinationen finden Sie zuhauf in den Geschäften.

Jackett	**Jackett**	**Jackett**	**Jackett**
+	+	+	+
Bluse + **Pulloverweste**	**Grobstrick mit Rollkragen**	**Weißes Longsleeve-T-Shirt**	**Boyfriend-Hemd (lose getragen)**
+	+	+	+
MINIROCK			
+	+	+	+
Kniehohe Stiefel	**Stiefeletten**	**Turnschuhe**	**Plateau-Mokassins**

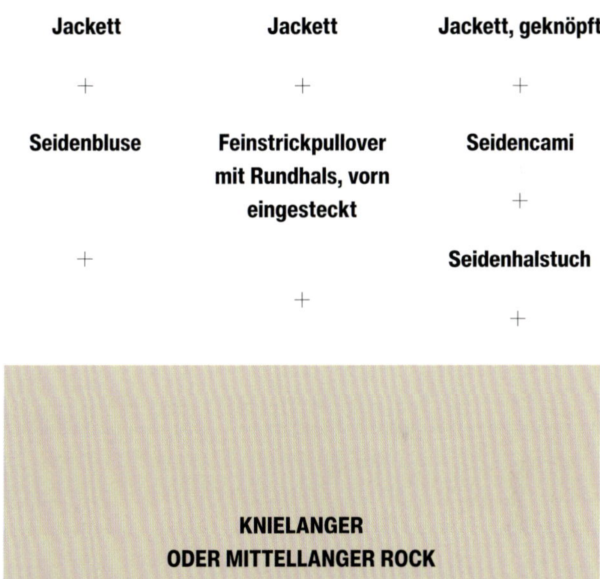

Jackett	**Jackett**	**Jackett, geknöpft**
+	+	+
Seidenbluse	**Feinstrickpullover mit Rundhals, vorn eingesteckt**	**Seidencami**
		+
		Seidenhalstuch
+	+	+
KNIELANGER ODER MITTELLANGER ROCK	**KNIELANGER ODER MITTELLANGER ROCK**	**KNIELANGER ODER MITTELLANGER ROCK**
+	+	+
Slingback Block Heels oder **Kitten Heels** oder **Cocktail Heels**	**Mokassins**	**Slingback Block Heels** oder **Kitten Heels** oder **Cocktail Heels**

Der letzte Schliff

Strumpfhose – ja oder nein? Ich persönlich empfehle, sie wegzulassen, wenn möglich. Das sieht moderner aus und verhindert, dass Ihr Outfit altbacken wirkt. Wenn das nicht möglich ist (und wenn es frisch wird), sollten Sie zu längeren Röcken ein durchsichtiges, feines Paar tragen. Zu Miniröcken passen blickdichte Modelle sehr gut.

Funktioniert die zweiteilige Standardkombination für Sie nicht, bleiben Sie beim Tweedjackett. Die meisten Chanel-Kundinnen, die ich in freier Wildbahn beobachten kann, tun genau das. Als Einzelstück ist das Jackett dankbarer zu tragen und passt zu einem Bürokleid genauso gut wie zu einer Jeans. Wählen Sie großzügige Schnitte, leicht tailliert, mit Vordertaschen und goldenen Knöpfen.

In Sachen Schmuck sollten Sie aufs Ganze gehen: klobige Goldelemente, moderne Perlen und farbenfrohe Edelsteine nehmen Ihrem Kostüm die Strenge.

Wenn wir an Bouclé-Tweed denken, kommen uns hübsche Pastelltöne in den Sinn. Der Stoff kann aber auch etwas mehr Schmiss vertragen. Wenn Sie befürchten, zu mädchenhaft auszusehen, suchen Sie nach Modellen in Marineblau, Schwarz oder Weiß oder wählen Sie Jacketts mit kantigen Schultern. Aktuelle Trends zählen hier nicht, denn dank Chanel ist Tweed ein absoluter Klassiker. Finden Sie heraus, was Ihnen steht.

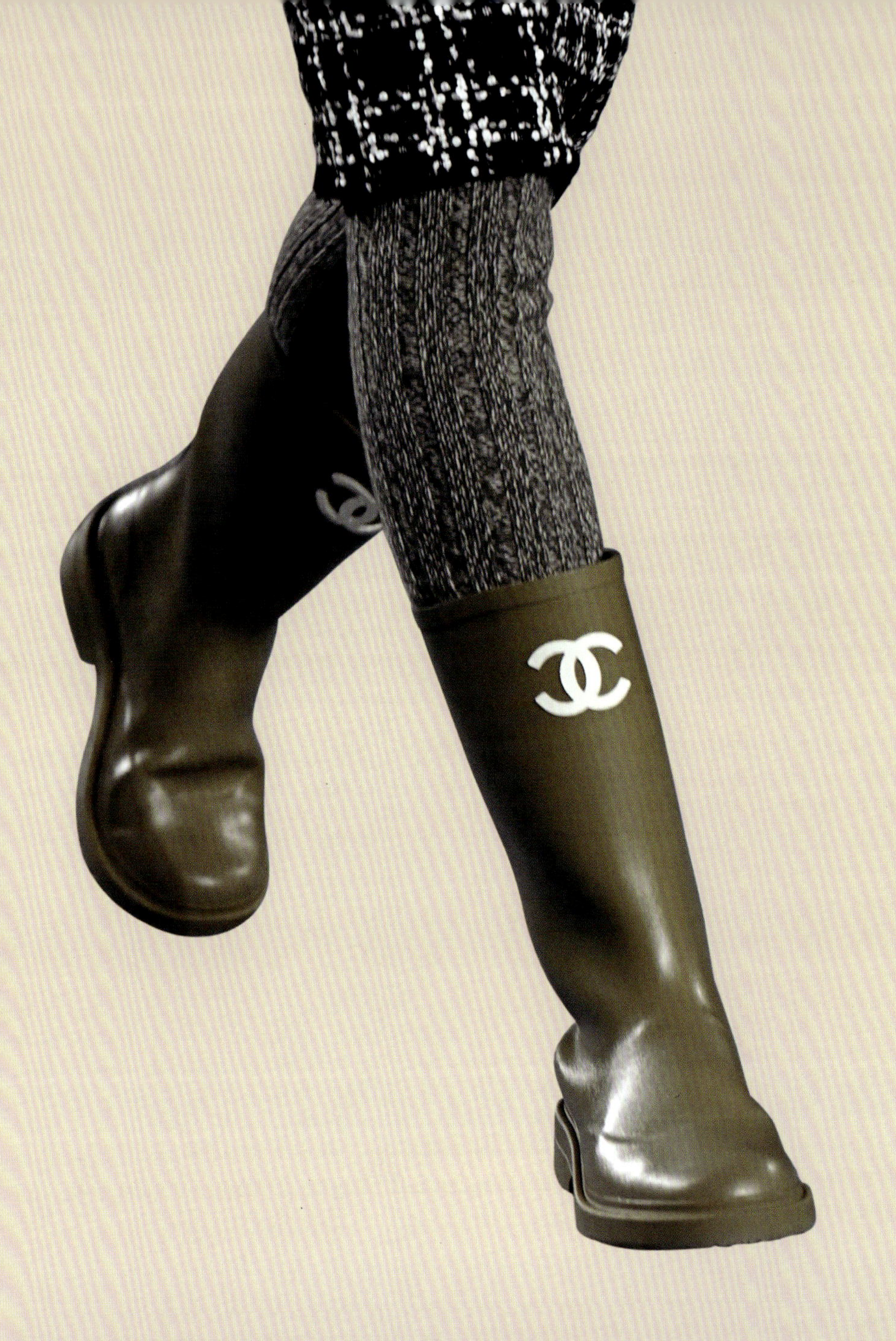

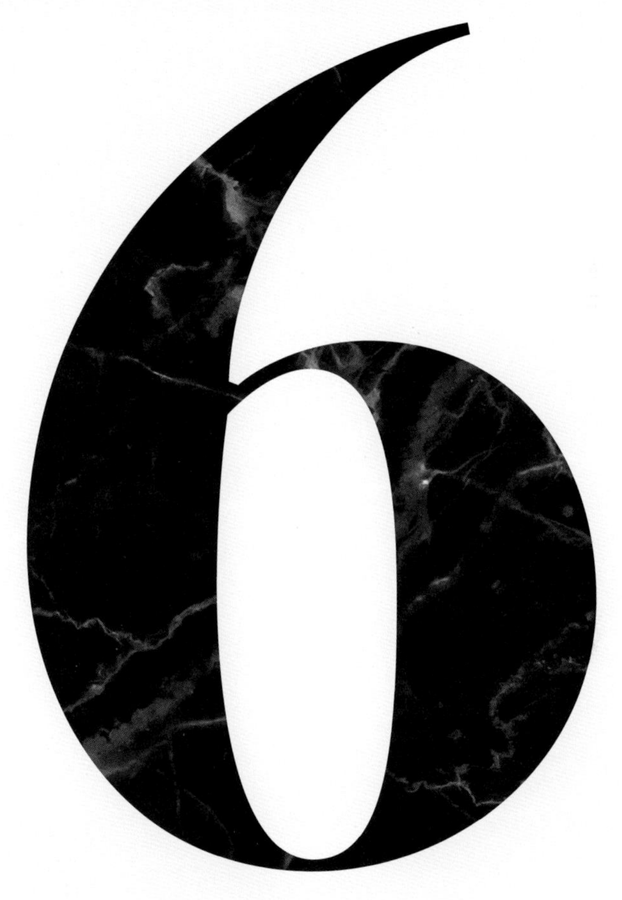

Weg mit den STILETTOS

„Schuhe …
verleihen der
Eleganz den
letzten Schliff.“

Coco Chanel

Das Wort *Komfort* klingt in der Haute Couture alles andere als sexy – schon gar nicht, wenn es um Schuhe geht. Wir reden hier von einer Branche, die den schmerzhaften Stiletto erfunden und durchgesetzt hat. Manche Redakteurinnen von Hochglanzmagazinen untersagen ihren Mitarbeiterinnen sogar das Tragen flacher Schuhe. In der Modewelt wird Schmerz auf bizarre Weise glorifiziert: ein kleines Opfer für den gewünschten Look. Dieses Opfer unterscheidet die wahren Fashionistas vom Rest der Menschheit. Sie sind bereit, alles zu tragen – und zu *er*tragen –, was ihr Lieblingslabel als Trend vorgegeben hat. Christian Louboutin gibt offen zu, dass seine berühmt-berüchtigten Schuhe mit den roten Sohlen nicht für den Komfort gedacht sind, und dennoch verkaufen sie sich massenweise. In den letzten Jahren hat das Schuhwerk der Haute-Couture-Community einen epochalen Wandel durchlaufen. In der Front Row sind flache Turnschuhe, Mokassins, Ballerinas und Stiefel inzwischen beliebter als turmhohe Spikes. Und wenn schon Absätze, dann welche, in denen man tatsächlich laufen kann, etwa Kitten, Block oder Platform Heels. Saison über Saison aber bleibt ein Schuh *der* große Liebling der Fashion-Familie. Er ist von Chanel.

Der meistverkaufte Chanel-Schuh ist kein „Skyscraper" und wird es niemals sein. Als Mademoiselle 1957 ihre ersten Schuhe präsentiert, reagiert sie damit auf Beschwerden über die Pfennigabsätze, die Roger Vivier bei Dior populär macht. Chanels zweifarbige Slingbacks (von Bendors Golfschuhen aus Segeltuch und Leder inspiriert) sind mit ihrem flachen Absatz, der runden Kappe und den zarten Riemchen ganz auf die praktischen Bedürfnisse der Frauen abgestimmt. Schon allein das ist revolutionär.

Die Absatzhöhe zum Beispiel ist so gewählt, dass man bequem damit laufen kann, allerdings hoch genug, um dem Gang einen eleganten Schwung zu verleihen. Das beigefarbene Oberleder verlängert optisch das Bein, die schwarze Zehenkappe verkürzt den Fuß und kaschiert mögliche Schrammen. Der elastische Riemen, der für zusätzlichen Komfort sorgt, ist das Werk des Schuhmachers Raymond Massaro, der die Pumps mit Chanel entwirft und bis ins Jahr 2019 für Chanel arbeitet.

Unter Chanels Nachfolgern und Nachfolgerinnen entstehen mehrere Variationen dieses legendären Schuhes, die der grundlegenden Idee treu bleiben. Karl Lagerfeld überträgt den ikonischen Two-Tone-Stil auf Espadrilles, Stiefel, Ballerinas und Mary Janes, die in der Szene für Euphorie sorgen. Auf seinen Laufstegen sieht man auch Schneestiefel, Wanderschuhe, Turnschuhe, Mokassins und sogar

Pantoletten („Dad Sandals"). In der Herbst/Winter-Kollektion 2022 steckt Kreativdirektorin Virginie Viard die Models in moortaugliche Gummi-Wellingtons und Watstiefel. Wer behauptet, dass High Fashion nicht praktisch sein kann? Das heißt nicht, dass hohe Absätze nie in Chanel-Kollektionen auftauchen. Sie sind nur kein herausstechendes Merkmal. Die beliebtesten Chanel-Schuhe sind auch die funktionalsten: Frauen lieben sie nicht nur, weil sie schön sind, sondern auch, weil sie sich vorstellen können, sie im echten Leben zu tragen. Mit vier Paar Schuhen kommt man überallhin, lautet ein berühmtes Zitat von Mademoiselle. Doch kennen sollte man ein paar mehr. Neun, um genau zu sein. Sie können sie überall tragen, mit eleganter oder lässiger Garderobe. Mit einem Paar von jedem Exemplar wäre Ihre „Cap-Shoe"-Sammlung perfekt.

Slingbacks

Die originalen Slingback-Pumps von Chanel gibt es jede Saison in mehreren Varianten. Das Oberteil ist immer in einer Farbe gehalten, die Kappe in einer anderen. Bei unifarbenen Versionen macht das Material den Unterschied: Das Oberteil ist dann meist aus Leder, die Kappe aus mattem Rips. Die klassische Variante – oft kopiert, nie übertroffen – kommt in Beige und Schwarz daher. Der Schuh hat immer einen 65 Millimeter hohen Blockabsatz, den ein kleines, aufgeprägtes Doppel-C-Logo in Gold ziert.

Mary Janes

Mary Janes sind entweder flach oder haben einen kleinen Blockabsatz. Die Kappe ist rund oder oval, und immer läuft ein Riemen quer über den Fuß (ja, sie erinnern ein wenig an historische Kinderschuhe). Chanel, zu deren Lieblingsmodellen sie gehören, trägt sie auf einem berühmten Foto, das auf der *Flying Cloud* aufgenommen wurde, der Jacht des Herzogs von Westminster. Ab 1989 sind Mary Janes auf Lagerfelds Shows zu sehen, danach in mehreren seiner weiteren Kollektionen, wie auch in denen von Virginie Viard. Mit dekorativen Riemen – mit Perlen oder Steinen besetzt – sind sie ideal für die Party.

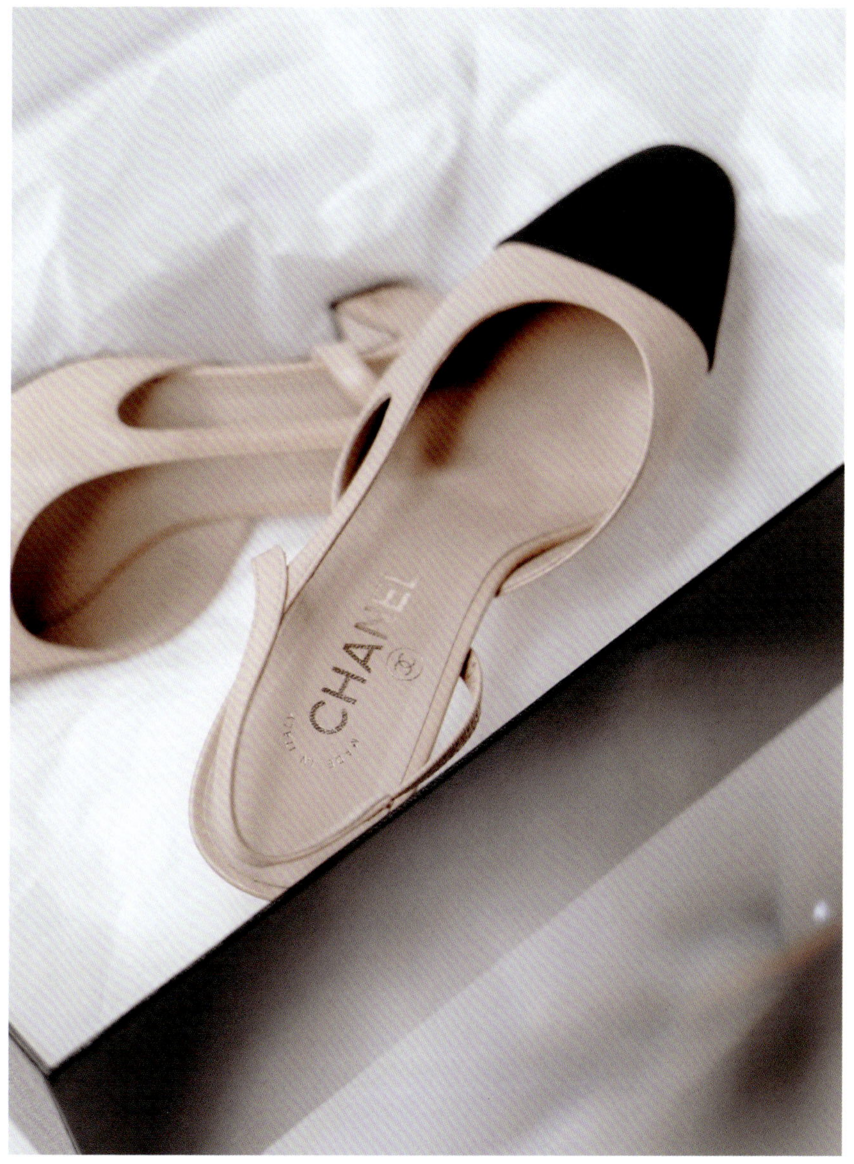
CHANEL

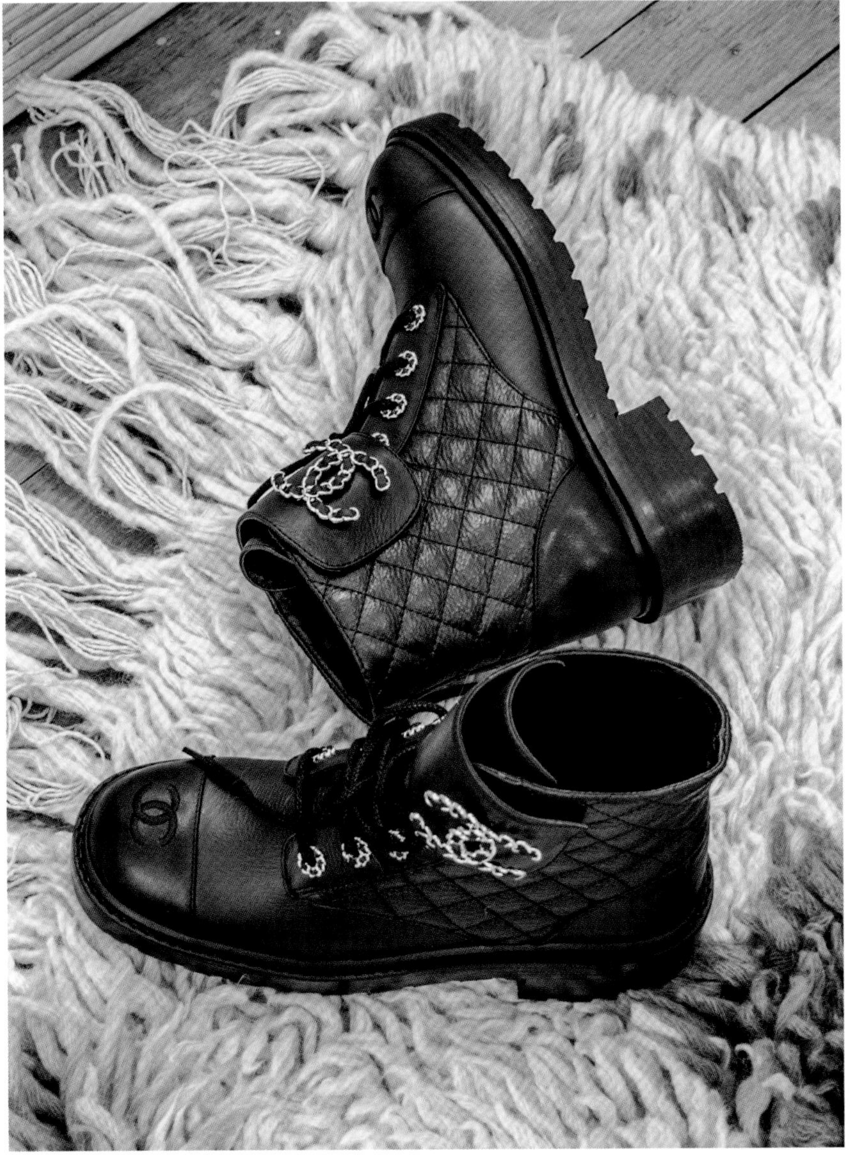

Ballerinas

Zweifellos haben Sie Ballerinas von Chanel schon in natura gesehen (oder in Ihrem Social-Media-Feed). Sie gehören zu den beliebtesten Modellen der Marke. Auf der Chanel-Website ist ihnen eine eigene Sparte gewidmet. Ein Jahr nach seinem Debüt bei Chanel entwirft Lagerfeld den zweifarbigen Ballerina als Weiterentwicklung des Slingbacks und stellt ihn in seiner Frühjahr/Sommer-Kollektion 1984 vor. Ballerinas werden in allen Stoffen von Samt bis Tweed hergestellt und sind heute ein Markenzeichen des Hauses.

Stiefeletten

Stiefeletten sind *très Chanel.* Auch wenn sie Mademoiselle nie in ihren Kollektionen zeigt, ist sie ein großer Fan dieser Schuhe, da sie laut ihrer Aussage ihre zu Schwellungen neigenden Knöchel kaschieren. Nachfolger Karl Lagerfeld setzt sie fotografisch für die Herbst/Winter-Kollektion 1991 spektakulär in Szene: mit einer Reihe von Supermodels in Leder-Outfits, rittlings auf Motorrädern. In der realen Welt gehören Stiefeletten zu den vielseitigsten Schuhmodellen auf dem Markt. Man kann sie das ganze Jahr über zu jeder Gelegenheit und mit jedem erdenklichen Outfit tragen.

Mokassins

Mokassins, auch Loafer genannt, sind eine später eingeführte, aber dennoch wichtige Ergänzung der Chanel-Schuhkollektion. Das erste ikonische Paar, eine schlichte, einfarbige Version, wird im Rahmen der Chanel-Cruise-Kollektion 2016/2017 vor Hunderten von VIPs in Havanna vorgestellt. Später werden schwarze Modelle aus Leder mit Plateausohlen und goldenen Zierkettchen zum Must-have. Schließlich folgen Varianten mit gestepptem Revers auf der Vorderseite. Egal welches Design – der Chanel-Mokassin ist immer ein Hingucker, in der Regel klobig, manchmal mit Plateausohle und immer mit auffälliger Dekoration.

Plateausandalen

Diese Sandalen haben tausend Nachahmer gefunden. Und was heißt hier bequem: Ihr Look ist geradezu orthopädisch. Die „Dad Sandals" von Chanel (Kreationen mit Klettverschluss und drei Riemen, die eher an Wandersandalen als an exklusive Schuhe erinnern) entstehen 2019 und verhelfen der dicksohligen Sandale zu neuer Coolness. Originale werden noch immer für mehr als den Einzelhandelspreis auf Secondhand-Websites angeboten. Für neue Paare gibt es ewige Wartelisten.

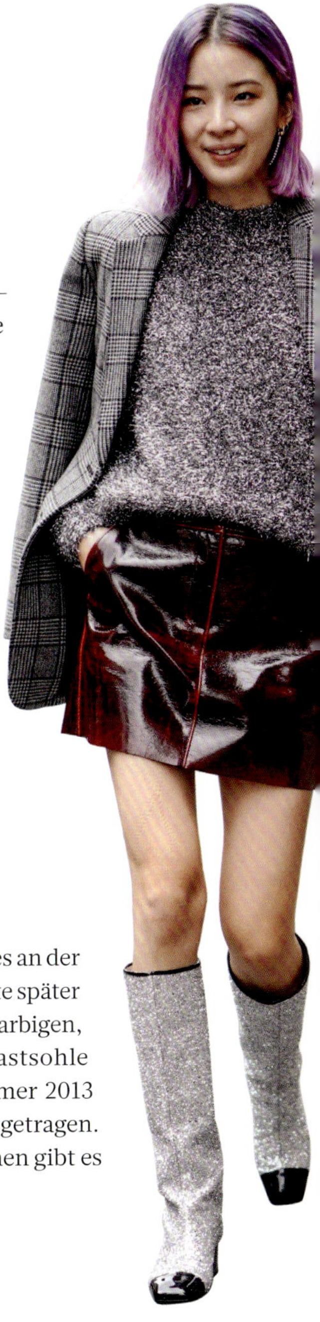

Hohe Stiefel

Reitstiefel. Gummistiefel. Schneestiefel. Die oberschenkellangen schwarzen Lederstiefel von Anne Hathaway nach ihrer glamourösen Verjüngungskur im Film *Der Teufel trägt Prada*: Hohe Stiefel, die bis knapp unters Knie und höher reichen, halten ebenfalls Einzug in die Chanel-Welt, und zwar unter – Sie ahnen es – Karl Lagerfeld. Seine Fantasie ist grenzenlos: Von schafsfellgefütterten Yeti-Stampfern bis zu durchsichtigen Gummistiefeln ist alles dabei. Die epischste Variante, wie ich finde, erscheint in der Herbst/Winter-Kollektion 2017/2018: kniehohe Stiefel mit silberner Glitzerbeschichtung, schwarzer Kappe und Blockabsatz. Absolut aufsehenerregend, aber dennoch zum Laufen gemacht.

Espadrilles

Mademoiselle trägt ihre perlenbesetzten Espadrilles an der Côte d'Azur und am Strand von Venedig. Jahrzehnte später macht Lagerfeld sie zu einem viralen Hit. Die zweifarbigen, Logo-bestickten Schuhe mit geflochtener Bastsohle sorgen auf der Chanel-Show im Frühjahr/Sommer 2013 für Begeisterung und werden nicht nur am Strand getragen. Und wahrscheinlich ist das gut so, denn inzwischen gibt es sie nur noch in Leder und Tweed.

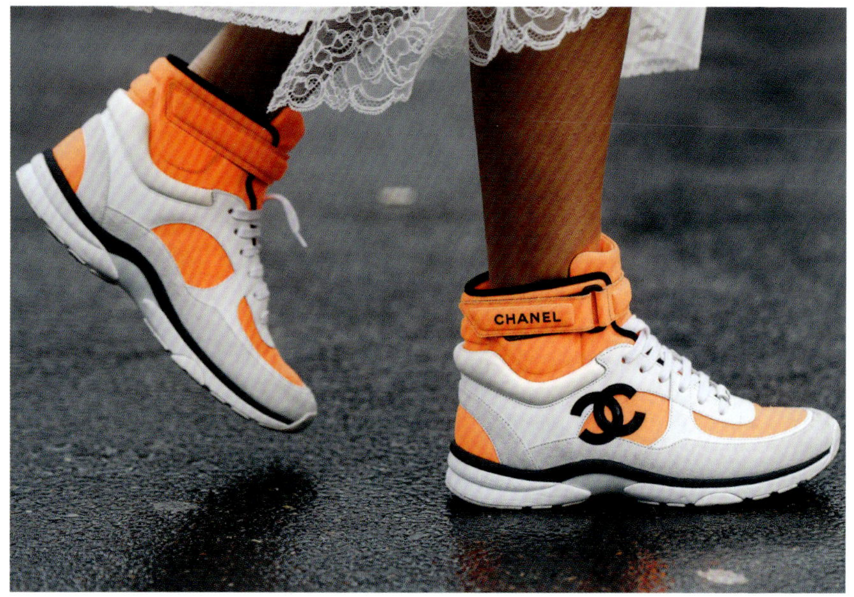

Turnschuhe

Dass eine Marke, die sich ihrer bequemen Schuhe rühmt, irgendwann einen Sneaker entwickelt, erscheint nur logisch. Chanel hat noch kurz vor ihrem Tod ein eigenes Modell entworfen, sagt man: einen lässigen Jersey-Schuh für den Strand. Heutige Modelle von Chanel sind für das Leben in der Großstadt konzipiert: imposante Sneaker mit Steppmuster auf den Sohlen und sogar elastischen Schnürsenkeln, entworfen von Kreativdirektorin Virginie Viard.

Was all diese Schuhe gemeinsam haben, ist, dass sie elegant, aber bequem sind. Um zu Fuß von A nach B zu kommen, kann man sie ohne Zögern anziehen. Die besten Schuhe sehen nicht nur wegen ihres exquisiten Designs gut aus, sondern weil die tragende Person nicht bei jedem Schritt vor Schmerz das Gesicht verzieht!

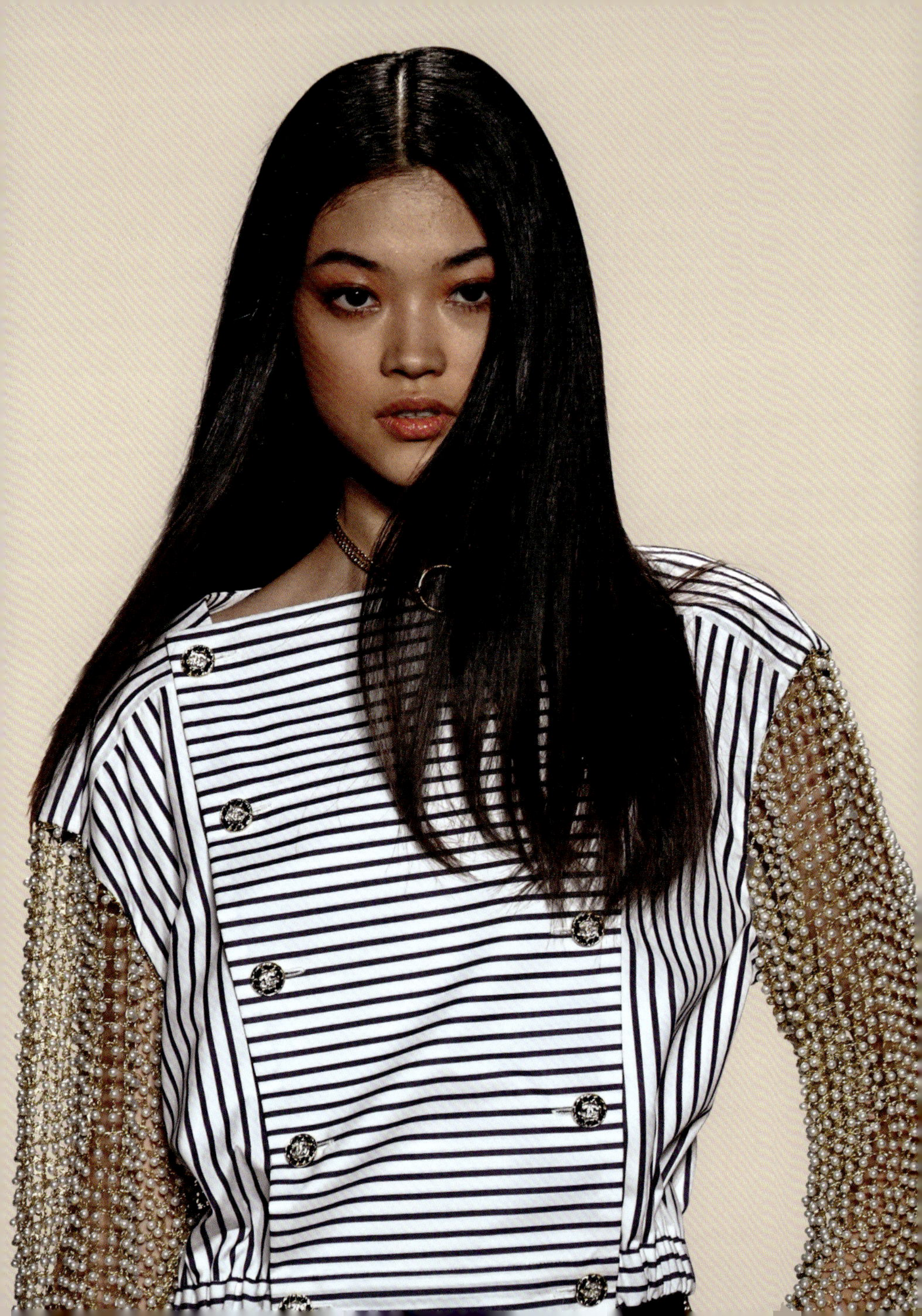

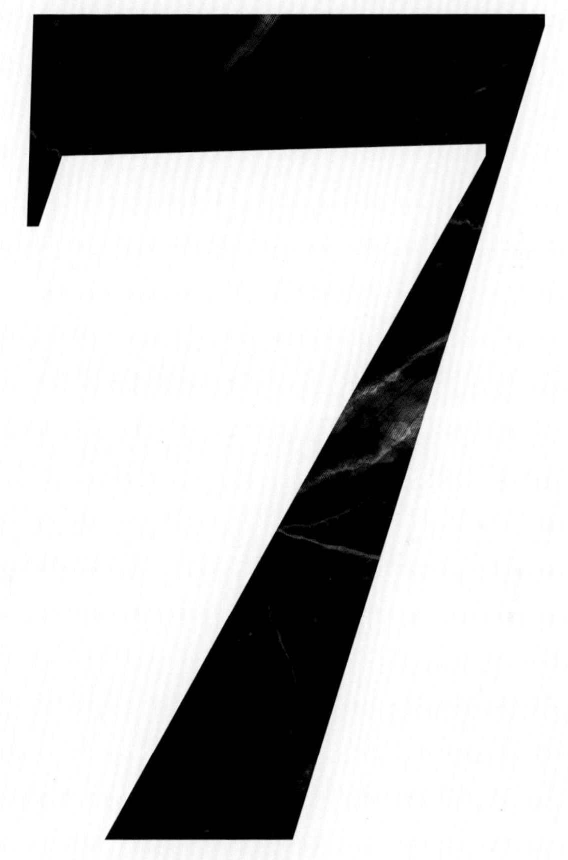

Der Chic der
CÔTE D'AZUR

„Mode ist nichts, was nur in der Kleidung existiert. Mode ist in der Luft, auf der Straße. Mode hat etwas mit Ideen zu tun, mit der Art, wie wir leben, mit dem, was passiert.“

Coco Chanel

Psst! Wissen Sie was? Eines der schicksten Kleidungsstücke, die Chanel der Modewelt geschenkt hat, besitzen Sie wahrscheinlich schon. Ich wette, wenn Sie Ihre Schubladen durchsuchen, finden Sie sogar mehr als eines. Es hat lange Ärmel, besteht aus Baumwolljersey und trägt die Farben Blau und Weiß. Man sieht es an Müttern, die ihre Kinder von der Schule abholen, wie auch in der Front Row auf der Fashion Week. Prinzessin Kate hat mehrere im Kleiderschrank, Alexa Chung ebenso. Es ist in malerischen Küstenstädtchen genauso beliebt wie in Paris. Es ist gestreift, bequem und passt zu fast allem. Haben Sie's erraten? Exactement! Es ist die ikonische „Marinière", das bretonische Streifenhemd.

Zur Klarstellung: Coco Chanel hat es nicht erfunden. Schon bevor Chanel es für sich entdeckt, wird das gestreifte Oberteil von Bohemiens an der Côte d'Azur getragen. Seit 1858 von der Marke Saint James produziert, gehört es in früheren Zeiten zur Uniform französischer Seeleute. Dank Chanel wird es zu einem modischen Must-have-Artikel. Mehr noch, es trägt entscheidend zu Chanels Entwicklung als Designerin und Trendsetterin bei. Mademoiselle trägt es regelmäßig „außer Dienst“. Denn wenn sie nicht in Paris verweilt (oder in England, Schottland, Hollywood), sonnt sie sich mit Streifenhemd und Perlenkette am Meer – an der französischen Riviera, um genau zu sein.

Cannes. Monaco. Biarritz. Deauville. Vielleicht haben Sie schon von diesen Küstenorten gehört oder waren selbst bereits dort? Es sind die Bühnen, auf denen sich das glamouröse Spektakel des französischen Riviera-Chics abspielt. Filmfestivals, Stars, Hochadel, die Crème de la Crème. Schon ab 1912 sind diese Orte für Chanel wie ein zweites Zuhause. Sie eröffnet dort einige ihrer ersten Boutiquen. Was als Flucht vor dem Krieg begonnen hat, nutzt sie später, um zu expandieren. 1929 kauft sie sich ein Grundstück, auf dem sie eine prächtige Villa bauen lässt: La Pausa in Roquebrune-Cap-Martin. Die Residenz wird zum Zentrum der Champagner-Szene und des Who's who der gesamten Gegend. Natürlich tragen alle Chanel.

Doch zurück zu den „Bretonen“. Chanel hat, wie wir wissen, ihre Karriere als Hutmacherin begonnen. Nun aber wendet sie sich burschikosen Trikots zu. Kurz vor Ausbruch des Ersten Weltkriegs ermutigt Boy Capel sie, Paris zu verlassen und an die Küste zu ziehen. Im normannischen Deauville findet sie sich inmitten zahlreicher wohlhabender und modebewusster Frauen wieder, die in der gleichen Situation sind. Und alle haben einen Kleiderschrank, der gefüllt werden muss! Wie üblich schmiedet Chanel das Eisen, solange es heiß ist, und eröffnet 1913 in Deauville ihre erste Boutique für Konfektionskleidung. Um ihre Kundinnen bei der (Kleider-)Stange zu halten, bestellt sie Jersey (heute ein weitverbreiteter Stoff, der damals jedoch nur für Männerwäsche verwendet wird) und entwirft fließende, elegante Sportkleidung, die sich an Capels Garderobe orientiert. Und sie landet einen Hit. Es ist Krieg. Frauen brauchen Kleidung, in der sie arbeiten können. Die Wohlhabenden wiederum

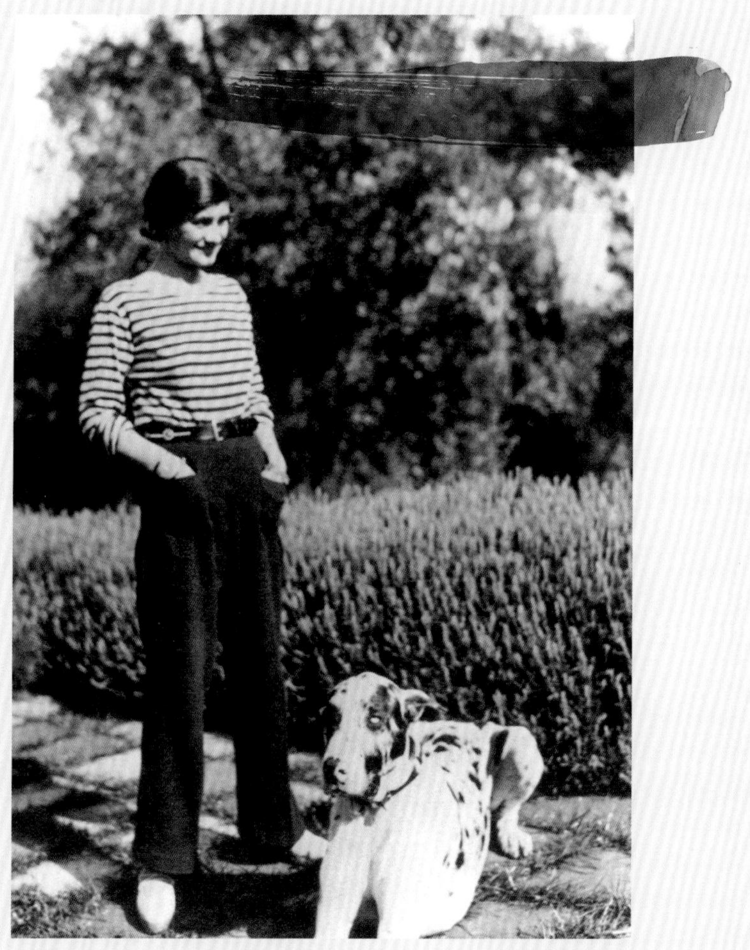

Coco Chanel und ihr Hund in ihrem Haus an der Côte d'Azur

kleiden sich unauffälliger, um in einer Zeit der nationalen Notlage niemanden zu brüskieren. Chanels Modelle, auch die gestreiften Marinières, bieten genau das und noch mehr: Sie sind praktisch, elegant, bescheiden und strahlen doch einen Hauch von Luxus aus. Man könnte sagen, sie sind eine Art Manifest für den Rest ihrer Karriere.

1915 folgt das Modehaus „Chanel Haute Couture" in Biarritz. Chanel stellt dreihundert Mitarbeiter ein und präsentiert im folgenden Jahr eine gefeierte Jersey-Kollektion. 1923 eröffnet sie in Cannes ihre vierte Boutique. Ab den 1920ern diktiert Chanel die Trends an der Küste. Sie macht das Sonnenbaden (mit Perlen) gesellschaftsfähig, ist braun gebrannt (heute dermatologisch nicht mehr empfohlen) und treibt Sport, um schlank und athletisch

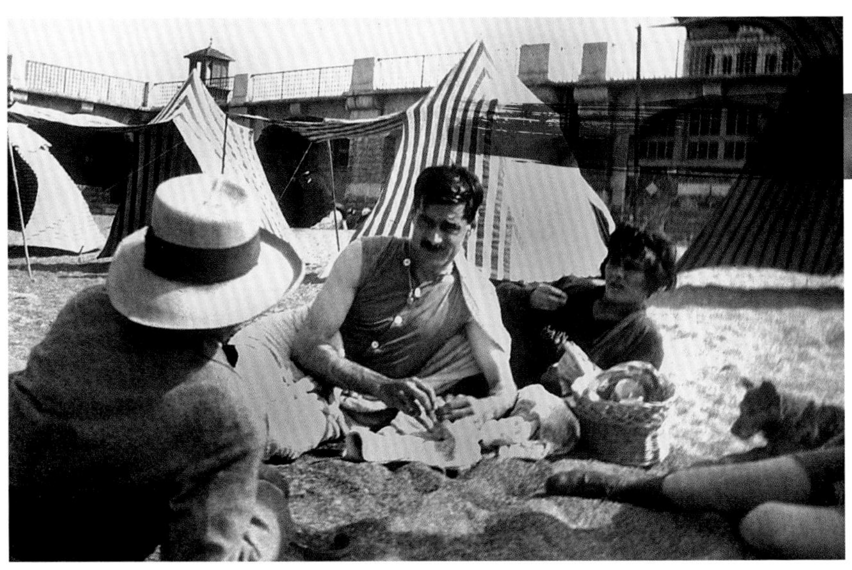

Coco Chanel mit ihrem Liebhaber Arthur „Boy" Capel am Strand von Saint-Jean-de-Luz, 1917

auszusehen. Menschen ihres sozialen Standes beginnen, Urlaub an der Côte d'Azur zu machen. Eine Neuheit, denn zuvor waren die Luxushotels der Region wegen der Hitze geschlossen. Heute ist das kaum vorstellbar.

Später entwirft Chanel luftige Hosen, Badeanzüge, Sandalen, Tenniskleider und kurze Hosen in Marineblau und Weiß. Vielleicht findet sie Inspiration in den Uniformen der Bediensteten an Bord der Jacht des Herzogs von Westminster? Sie denkt demokratisch: Es ist ihr egal, wie bescheiden die Herkunft eines Kleidungsstücks ist, solange es ihrer Meinung nach geschmackvoll ist und in die Zeit passt. Sie weiß, woher der gesellschaftliche Wind weht. Sie kann Leute überzeugen, dass sie etwas wollen, bevor sie es selbst wissen. So zaubert Chanel aus dem bescheidenen Matrosenhemd einen Luxusartikel – dessen Aura ironischerweise über die Jahrzehnte so stark verwässert wird, dass man ihn heute spottbillig im Handel findet.

Das bretonische Streifenoberteil wird in Chanel-Kollektionen immer wieder aufgegriffen. In ihrer Frühjahr/Sommer-Kollektion 2020 zeigt Viard gestreifte Pullover. In der Resort-Show 2019 von Lagerfeld tragen die Models blau-weiß gestreifte Hosen und cremefarbene Rundhals-Strickshirts mit „La Pausa"-Schriftzug. Doch unter allen Interpretationen des Chanel-Matrosenhemds ist eine begehrter als alle anderen: Im Rahmen der speziellen Weihnachtskollektion 2008 wird eine limitierte Auflage an wichtige Akteurinnen der Modeindustrie und Freunde der Marke verschenkt. Auf den ersten Blick sieht das Shirt aus wie jede andere Marinière, doch zwei Elemente sprechen Bände: ein im Graffiti-Stil auf die Vorderseite gesprühtes Doppel-C und ein weißes, auf den rechten Oberarm genähtes großes Chanel-Label. Heute kann man es nicht mehr kaufen. Selbst auf Secondhand-Websites ist es eine Rarität. Eher graben Sie einen verborgenen Schatz aus!

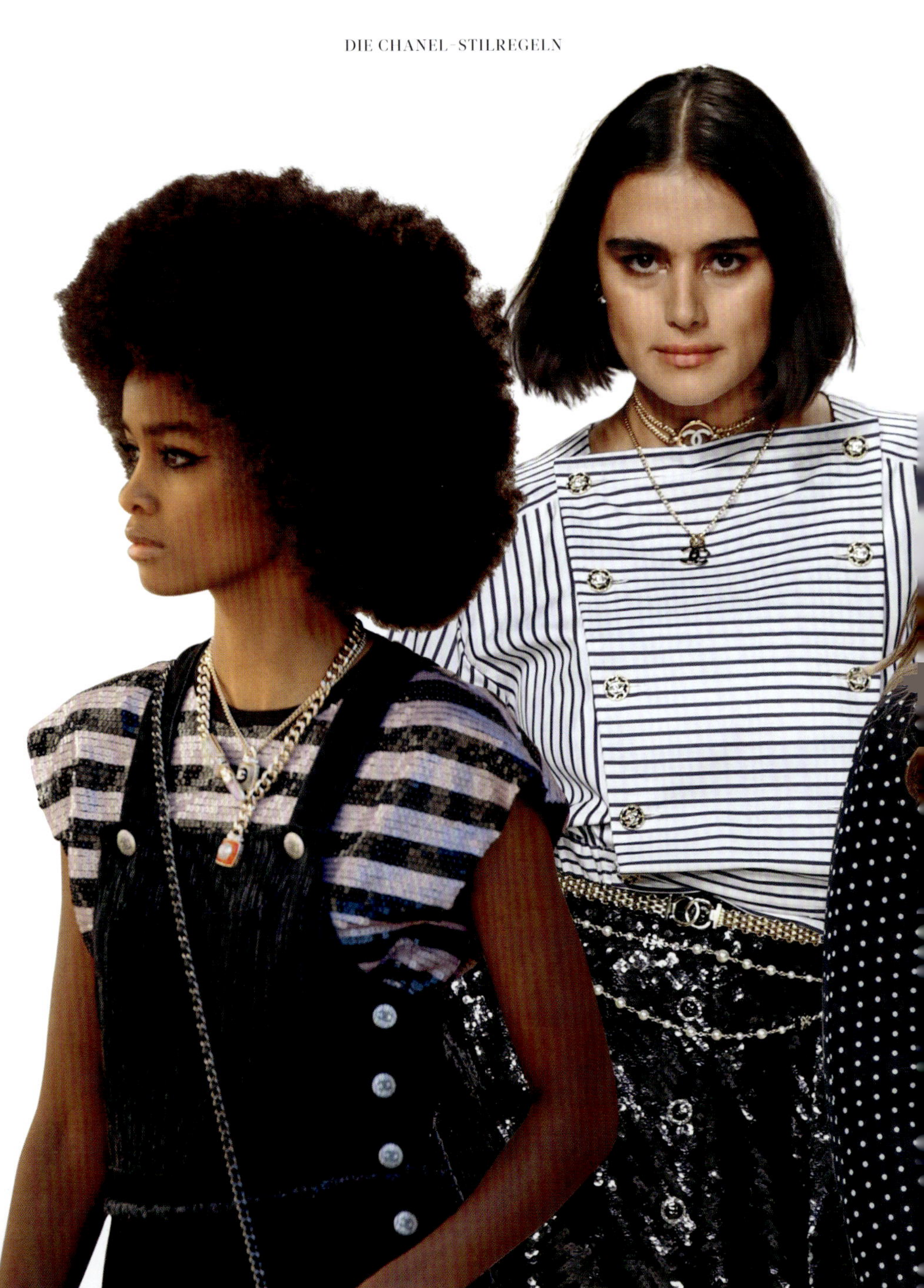

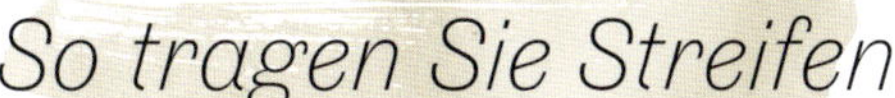

So tragen Sie Streifen

Was für uns wichtig ist, wenn wir Streifen tragen, ist: Es gibt keine festen Regeln. Ich bin überzeugt, dass ein Streifenhemd jeder Person steht und zu jedem Anlass und Outfit getragen werden kann. Doch nicht jedes Streifen-Outfit ist ein „Breton Outfit" im Chanel-Stil. Und nicht alle Marinières sind vor dem Gesetz gleich. Matrosenstreifen finden wir heute auf allen möglichen Kleidungsstücken. Bei Chanel ist jedoch die pure Form geboten: ein langärmeliges Oberteil mit Rundhals oder tieferem Rundausschnitt in Marineblau und Weiß. Wenn Sie jedoch Puristin sind, sollten Sie Varianten mit goldenen Knöpfen, verschiedenfarbigen Streifen oder anderen Ärmellängen vermeiden und die auf der nächsten Seite beschriebenen Stilregeln befolgen:

1

Size up

Chanel trug ihre Marinière in leichter Übergröße, um ihre jungenhafte Figur zu betonen.

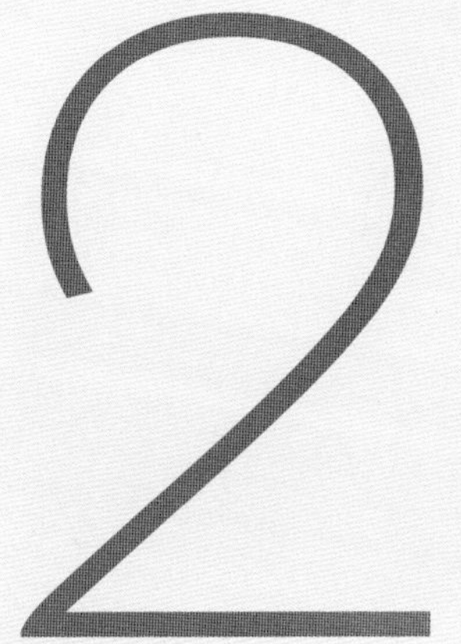

Korrekt gestreift

Traditionelle Marinières haben insgesamt 21 Streifen, dabei folgt jeweils ein 2 cm breiter weißer Streifen auf einen 1 cm breiten blauen Streifen.

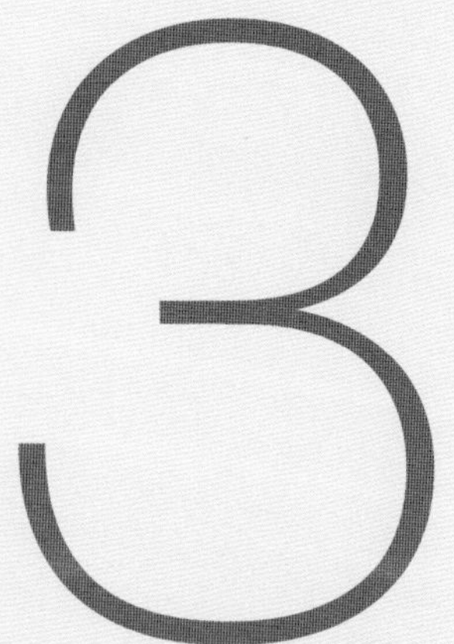

Strand-Look

Chanel und ihre Zeitgenossinnen trugen ihre gestreiften Oberteile nur im Urlaub. Das Kleidungsstück galt als Freizeitkleidung.

Das ist alles schön und gut. Doch mit diesem Kleidungsstück kann man so viel mehr machen, und heute ist es auch in der Stadt angesagt. Moderedakteurinnen betrachten bretonische Streifen als neutral, das heißt, sie können mit praktisch allem kombiniert werden. Eine Marinière ist eines der vielseitigsten Kleidungsstücke, dazu äußerst demokratisch, da man damit nichts falsch machen kann. Unten finden Sie einige Kombinationen für Ihr Styling. Die Liste ist keineswegs erschöpfend, sondern soll eine Anregung für weitere Outfits sein.

Unterteil

Ein berühmtes Bild zeigt Chanel auf La Pausa. Sie trägt ihre Marinière, dazu eine weite, hochgezogene Hose und einen Gürtel. Sie können Ihre Streifen aber auch zu blauen oder weißen Jeans, Shorts, beliebig langen Röcken oder Latzhosen tragen.

Schichtung

Marinières sehen toll unter Blazern und Trenchcoats aus, ebenso unter lässigen Anzügen oder Kostümen. Sie können sie über einer Bluse tragen, aber auch unter einem einfarbigen Pullover mit hochgekrempelten Ärmeln: Die hervorragenden Streifen an den Unterarmen sind ein Hingucker. Um Ihren Look noch maritimer wirken zu lassen, können Sie Ihren Pullover über die Schultern Ihres Streifen-Shirts werfen und die Ärmel vorn zusammenknoten.

Farbliche Abstimmung

Seemannsstreifen passen naturgemäß gut zu Marineblau und Weiß. Sie müssen sich aber nicht auf diese Farben beschränken. Marinières sehen fabelhaft zu Juwelentönen aus: Smaragdgrün, Himbeerrosa und Rubinrot. Metallic-Töne funktionieren auch, ebenso Leopardenmuster (ja, das meine ich ernst). Sie können diese Töne in die Extras einfließen lassen, mit denen Sie Ihre Oberteile kombinieren, oder in Ihre Accessoires: Schmuck, Taschen oder Schuhe. Für einen kontrastreichen Farbakzent sorgt ein roter Lippenstift.

Verstehen Sie jetzt, wie genial Matrosen-Longsleeves sind? Sie sind das Oberteil, nach dem ich am häufigsten greife, unkompliziert und zeitlos. Das Problem ist: Sie sind so praktisch, dass man süchtig danach wird. Es ist unmöglich, nur eine einzige Marinière zu besitzen. Hat man einmal mit dem Sammeln angefangen, kann man nicht mehr aufhören. Dazu kann ich Ihnen keinen Ratschlag geben. Sie werden lernen müssen, sich zurückzuhalten.

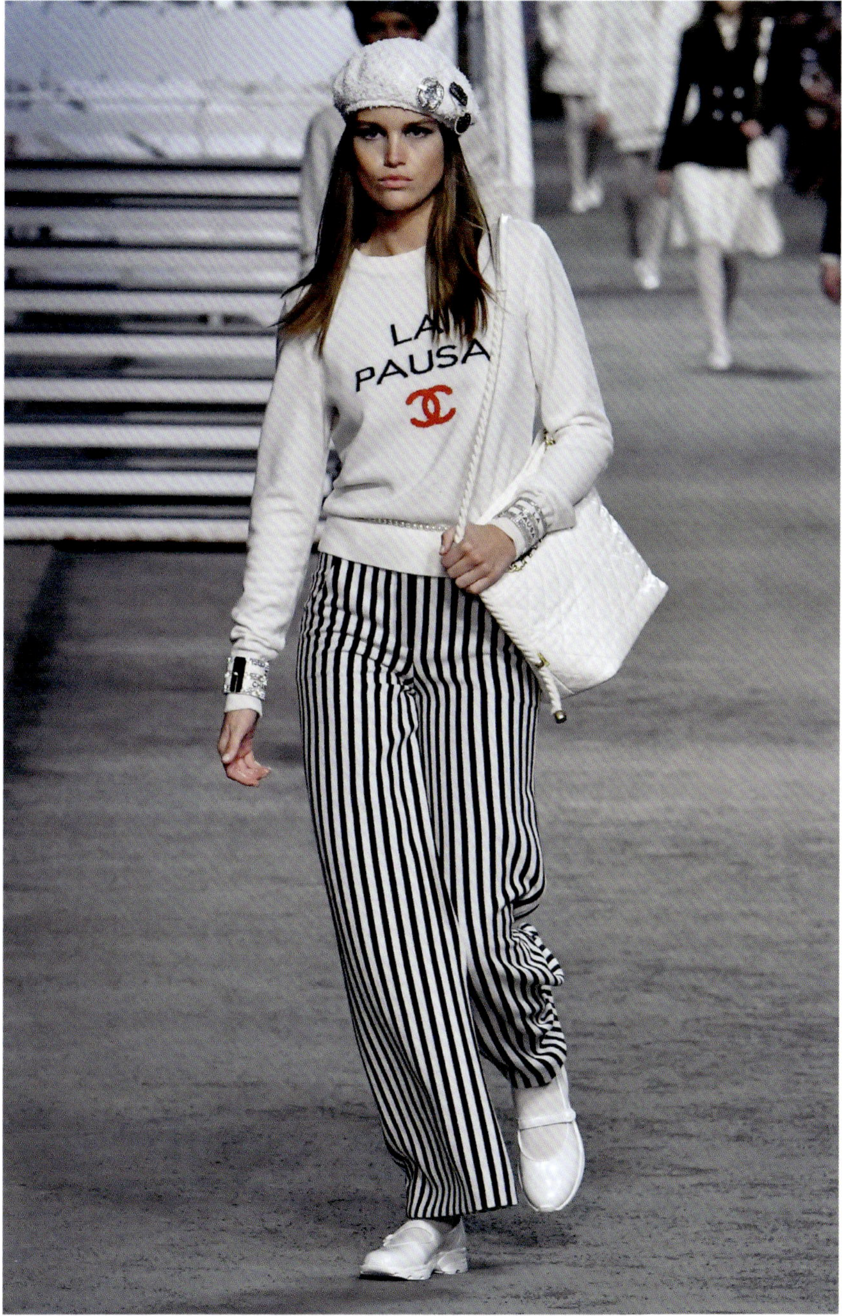
LA
PAUSA

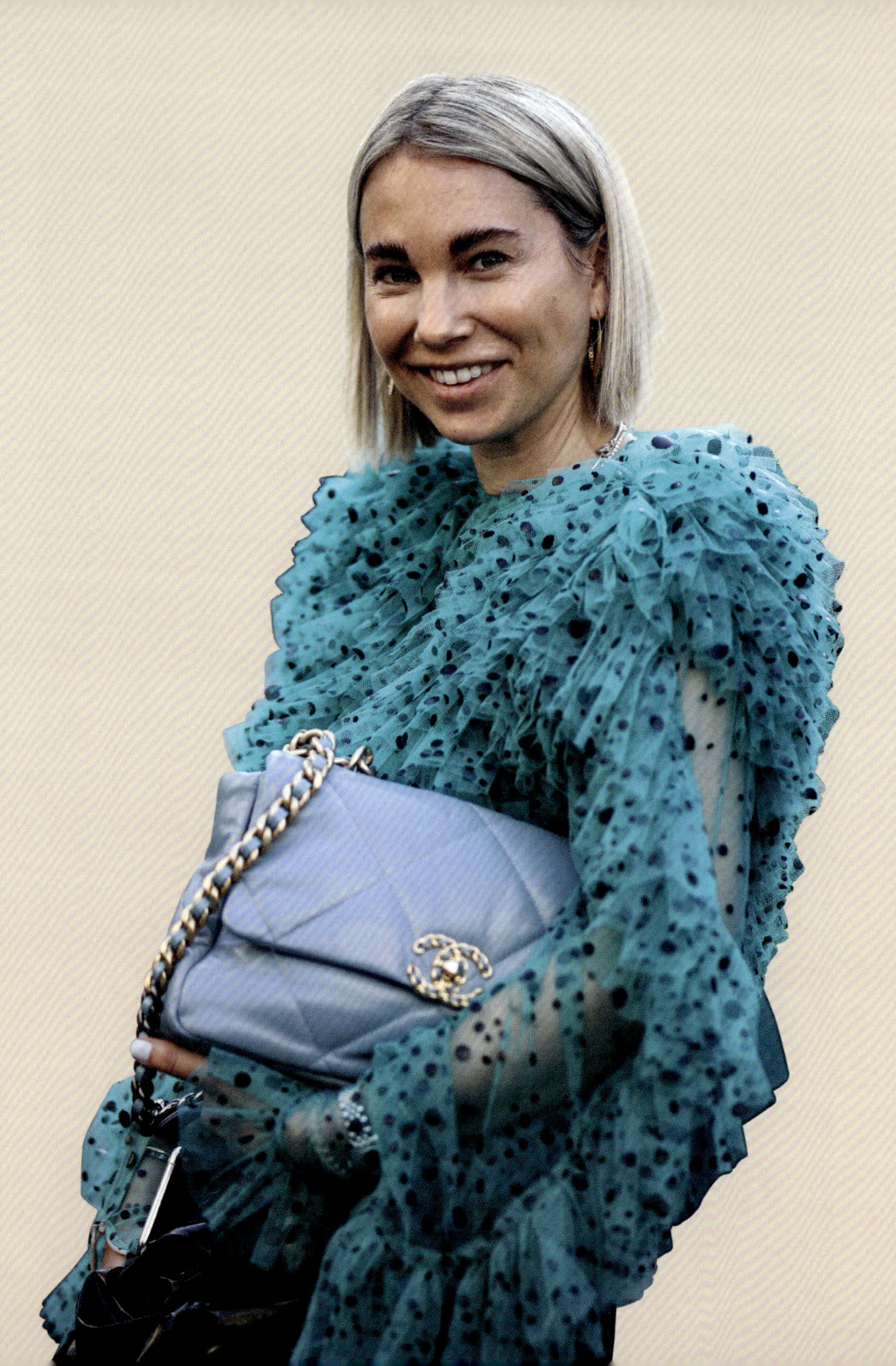

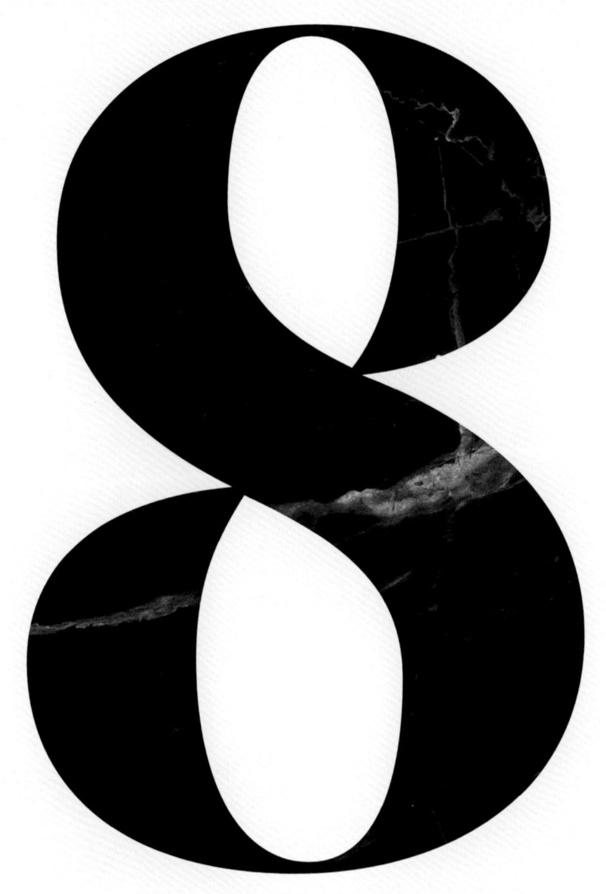

DIE **FLAP BAG** *HAT ES IN SICH*

„Um unersetzlich zu sein, muss man immer anders sein."

Coco Chanel

Designer-Handtaschen sind keine gewöhnlichen Taschen. Sobald sie mit einem Luxuslogo und einem monströsen Preisschild versehen sind, besitzen sie magische Kraft – und eine Menge Symbolik. Für den durchschnittlichen Modefan sind sie in erster Linie ein reiner Wunschtraum. Die meisten Modelle von Chanel kosten über neuntausend Euro und sprengen somit normale Budgets. Für viele ist der Kauf einer solchen Tasche ein Zeichen von Erfolg: etwas, für das man gespart hat, das man als Belohnung erhält oder mit dem man eine wichtige Lebensetappe feiert. Sie verkörpert Reichtum und Status (nicht immer guten Geschmack). Selten geht es dabei um die ursprüngliche Funktion: das Verstauen von Gegenständen.

Nicht so bei Chanels ikonischer Tasche (zumindest in ihren Augen). Ihre Kostüme haben zwar Taschen, die eine Handtasche überflüssig machen sollen. Doch geht sie nun einen Schritt weiter und entwirft die Chanel 2.55, benannt nach dem Monat und dem Jahr ihrer Herstellung: Februar 1955.

Seit den 1920er-Jahren hat Chanel passende Clutch Bags zu ihren Kleidern kreiert, doch die 2.55 läutet ein ganz neues Kapitel ein. Wieder einmal werden die Spielregeln der existierenden Frauenmode über den Haufen geworfen: Die Tasche entsteht aus purer Frustration darüber. In echter Chanel-Manier argumentiert Mademoiselle, dies sei die einzige Tasche, die sie wirklich brauche. Später werden Millionen andere Frauen ihr zustimmen. Bei der Entwicklung der 2.55 ist der Tascheninhalt gleich mitgedacht.

Drei Schlüsselmerkmale der 2.55 sind aus rein praktischen Erwägungen heraus entstanden. Das erste gilt bei modernen Handtaschen inzwischen als selbstverständlich: der Riemen. Bevor Chanel die 2.55 einführt, tragen modebewusste Frauen ihre Habseligkeiten in Clutch Bags, also sprichwörtlich in der Hand. Chanel will dem ein Ende setzen, da sie ihre eigene immer wieder verliert: Sie legt sie irgendwo ab und vergisst sie. Der aus Leder und Metall geflochtene Riemen erlaubt es, die 2.55 über der Schulter, schräg über dem Körper oder am Ellbogen zu tragen, außerdem verhindert die Konstruktion, dass das Metall klirrt.

Kommen wir zu den Innentaschen. Die Chanel 2.55 ist mit auffälligem rotem „Grosgrain" oder Leder gefüttert und hat viele Fächer, die das Suchen nach allen wichtigen Utensilien erleichtern. Es gibt verschiedene Innenfächer für Schlüssel, Bargeld, Zigaretten oder Lippenstift sowie eine zusätzliche Tasche auf der Rückseite. In die rechteckige Form passt einiges hinein, und die Klappe mit dem speziell entwickelten „Mademoiselle-Schloss" sorgt dafür, dass der Inhalt sicher unter Verschluss und dennoch leicht zugänglich ist.

Ästhetisch gesehen finden sich in dieser Tasche zahlreiche Codes. Die heute weltweit bekannte Steppung, auch Matelassé genannt, des Lammleders, Seidensamts oder Jerseys, aus dem die Tasche gefertigt ist (jeweils für unterschiedliche Tageszeiten gedacht), sind angeblich von der

Arbeitskleidung der Stallburschen auf Étienne Balsans Anwesen inspiriert. Auch die Beschläge sind eine Hommage an das Reiten: Sie erinnern an Geschirr und Zaumzeug. Ursprünglich ist die Tasche in Chanels Lieblingsfarben erhältlich: Marineblau, Schwarz, Beige und Braun. Damals ziert noch kein großes, ineinandergreifendes Doppel-C die Klappe. Die Tasche strahlt einen heimlichen Luxus aus, der so vollendet ist, dass kein Logo nötig ist: Man erkennt die Urheberschaft sofort anhand der äußeren Merkmale.

Als Chanel gedrängt wird, weitere Handtaschen zu entwerfen, lehnt sie ab. Sie braucht in ihrem Leben keine andere Tasche als die 2.55. Mit dieser Aussage wird Karl Lagerfeld später nicht ganz einverstanden sein. Er entwirft Taschen in Form von Milchtüten, Einkaufskörben aus Draht, riesigen Hula-Hoop-Reifen und Matrjoschka-Puppen. Auch die Chanel-Handtaschen von Virginie Viard sind nicht unbedingt praktisch zu nennen. Auf der Cruise-Show im Mai 2022 in Monaco tragen die Models an Goldkettchen hängende kleine Taschen in Form von Rennfahrerhelmen, Spielautomaten und Spielkartensets. Es sind keine Raumwunder: Viel mehr als eine Dose Tic Tacs passt nicht hinein.

Im Februar 2005, fünfzig Jahre nach ihrer Einführung, legt Lagerfeld die 2.55 neu auf. Sie ist nun in Mini- und Maxigrößen erhältlich, und in die Goldkette ist kein Leder mehr eingeflochten. Die Innenfächer, das gesteppte Leder, das minimale Branding und die klassischen Farben machen sie zur ewigen It-Bag – natürlich nur, wenn man das nötige Kleingeld hat.

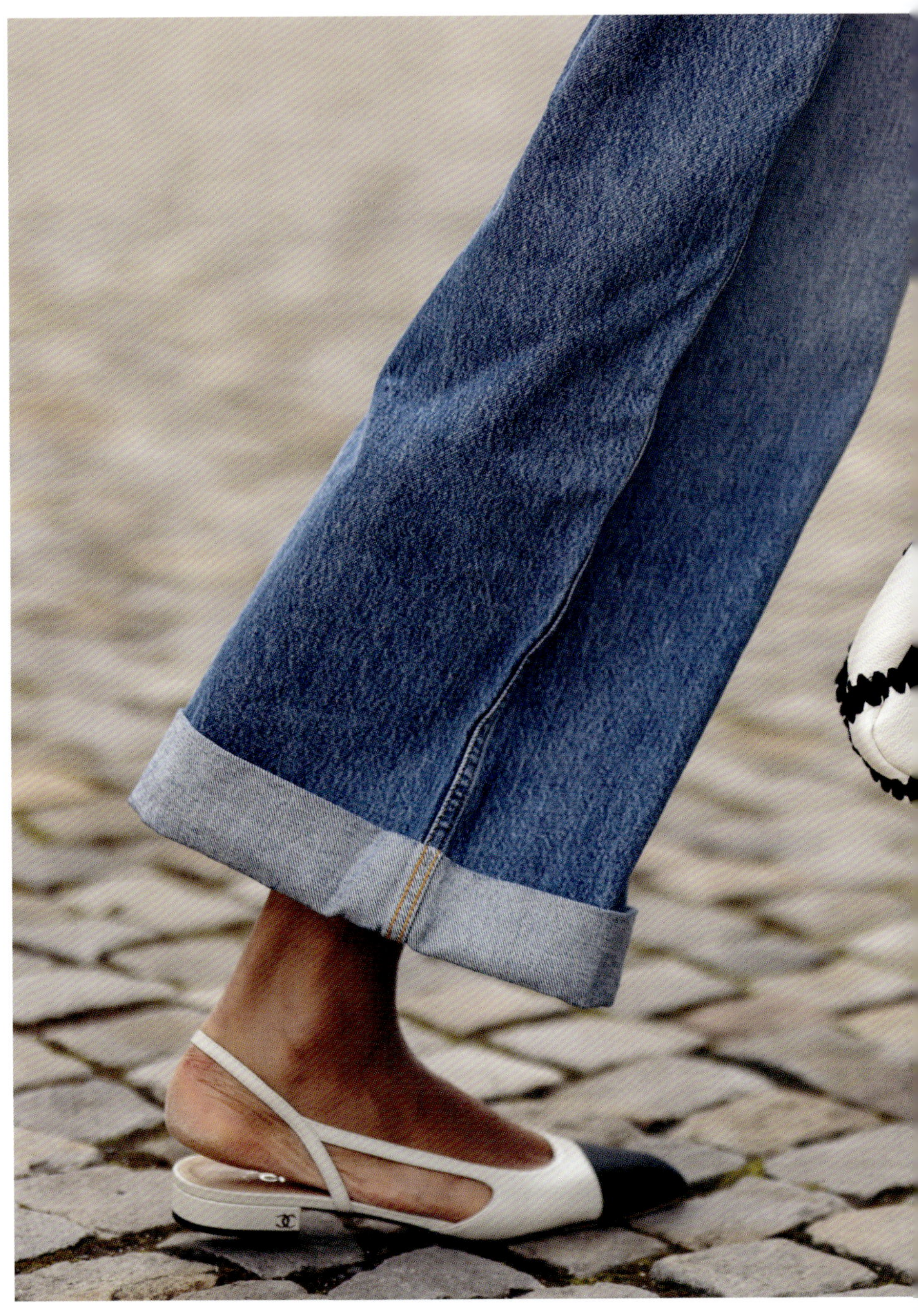

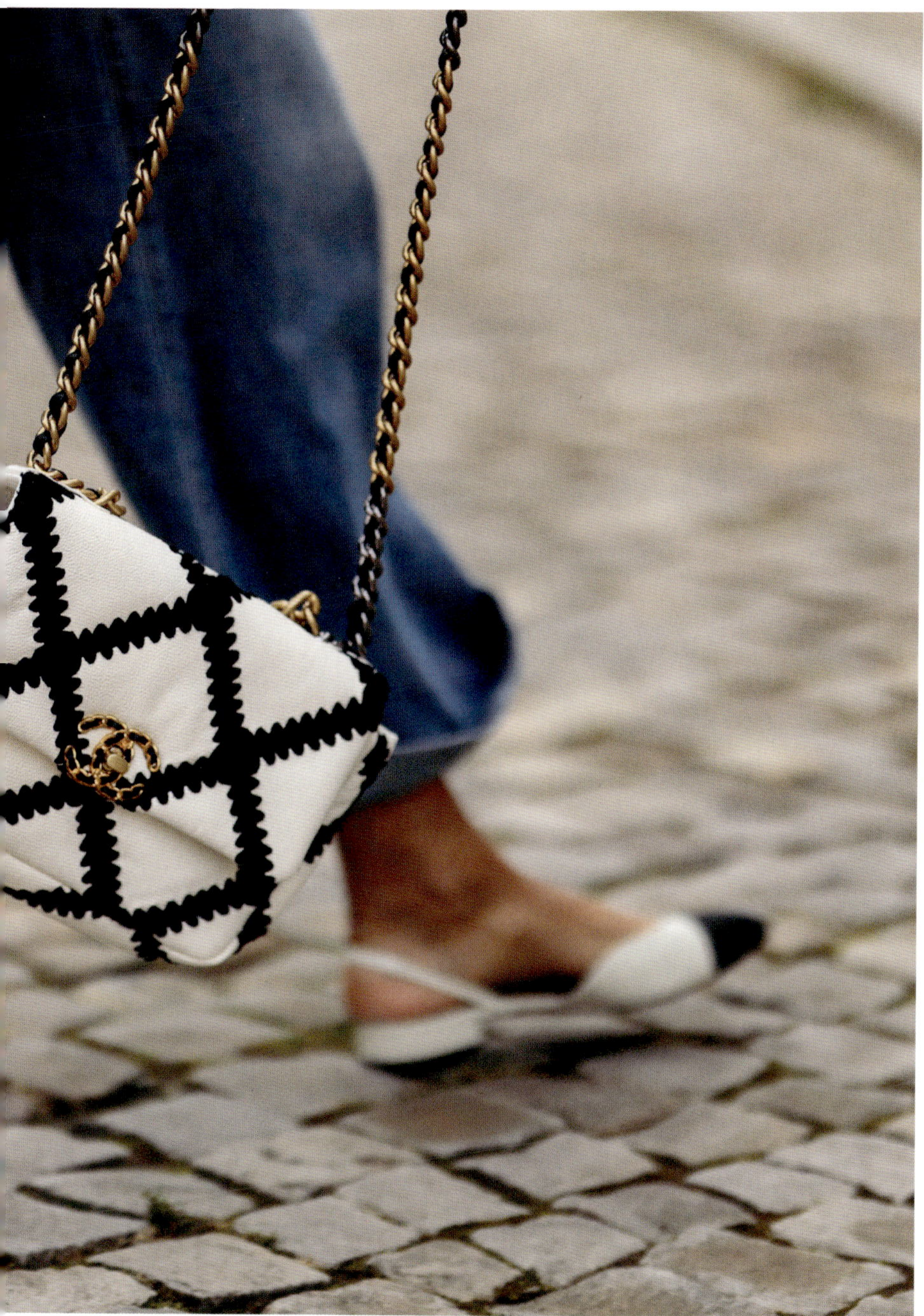

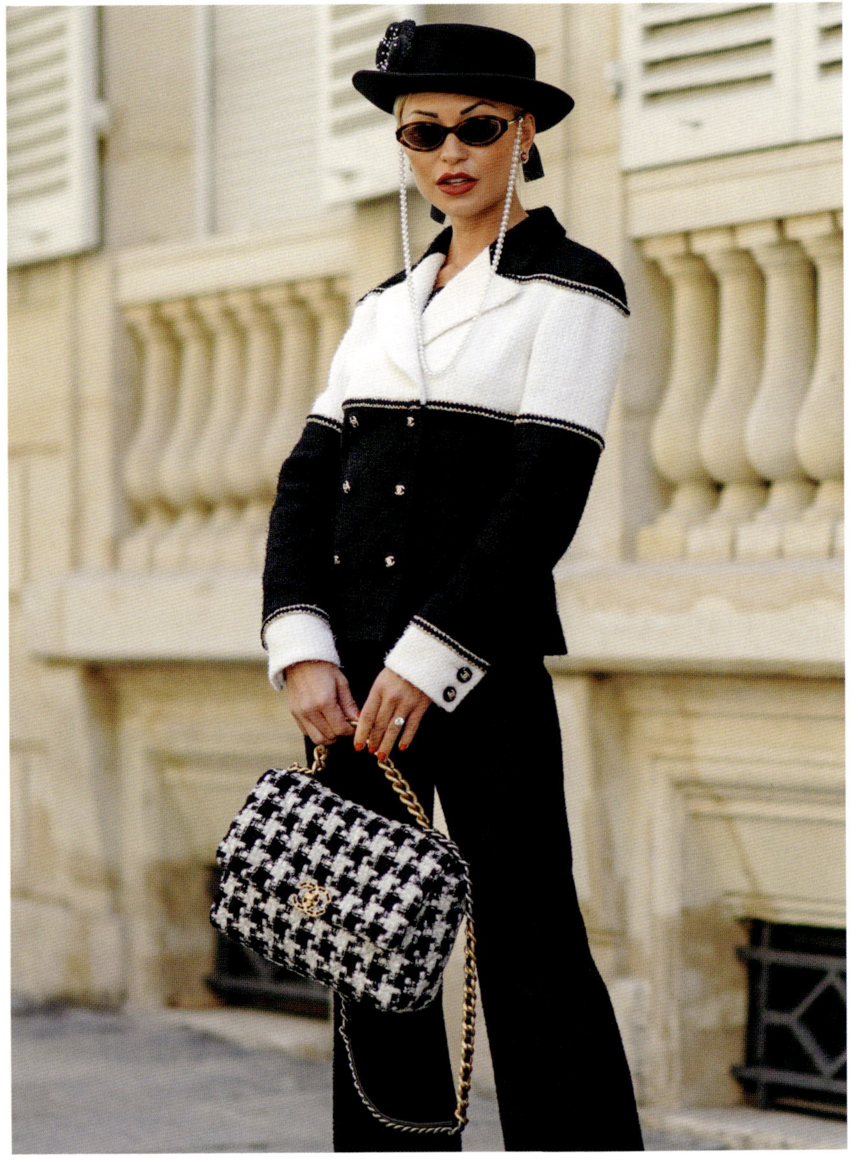

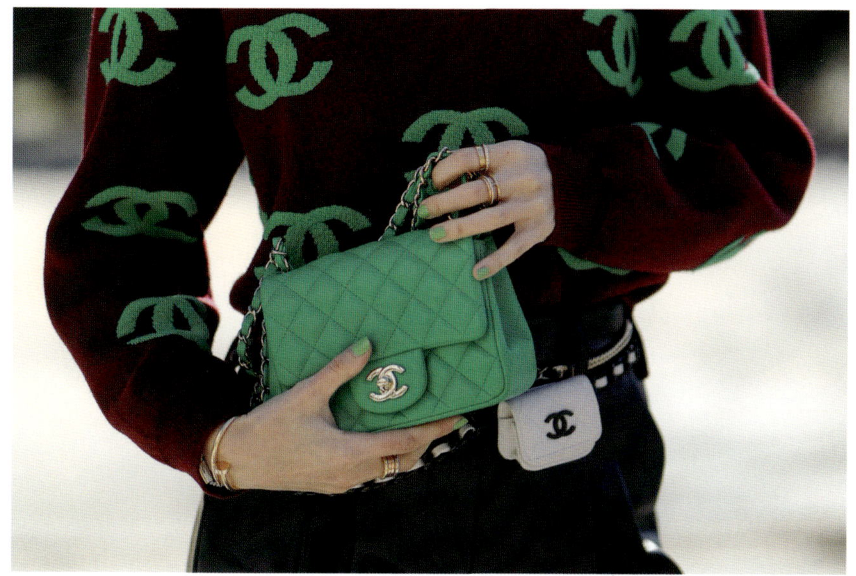

Die richtige Tasche

Um den 2.55-Look günstig nachzuahmen, müssen die infrage kommenden Taschen fünf Eigenschaften aufweisen. Zweifellos sind diese aufgrund des Einflusses der Chanel 2.55 sehr leicht zu finden.

1

Kein Branding

Suchen Sie sich eine Tasche aus hochwertigem Leder (oder veganem Leder, wenn Sie das bevorzugen) mit nicht zu auffälligen Beschlägen und ohne Logos.

2

Einstellbarer Riemen

Sie sollten Ihre Tasche auf verschiedene Arten tragen können. Eine Goldkette als Riemen bringt Pluspunkte!

3

Innentaschen

Ihre Tasche sollte praktisch sein und viele Aufbewahrungsmöglichkeiten bieten.

4

Steppung

Das erklärt sich von selbst: Finden Sie etwas, das die kissenartige, diagonale Textur der 2.55 nachahmt.

5

Klappe und Schloss

Die Tasche sollte eine Vorderklappe haben, idealerweise mit einem Drehverschluss aus Metall.

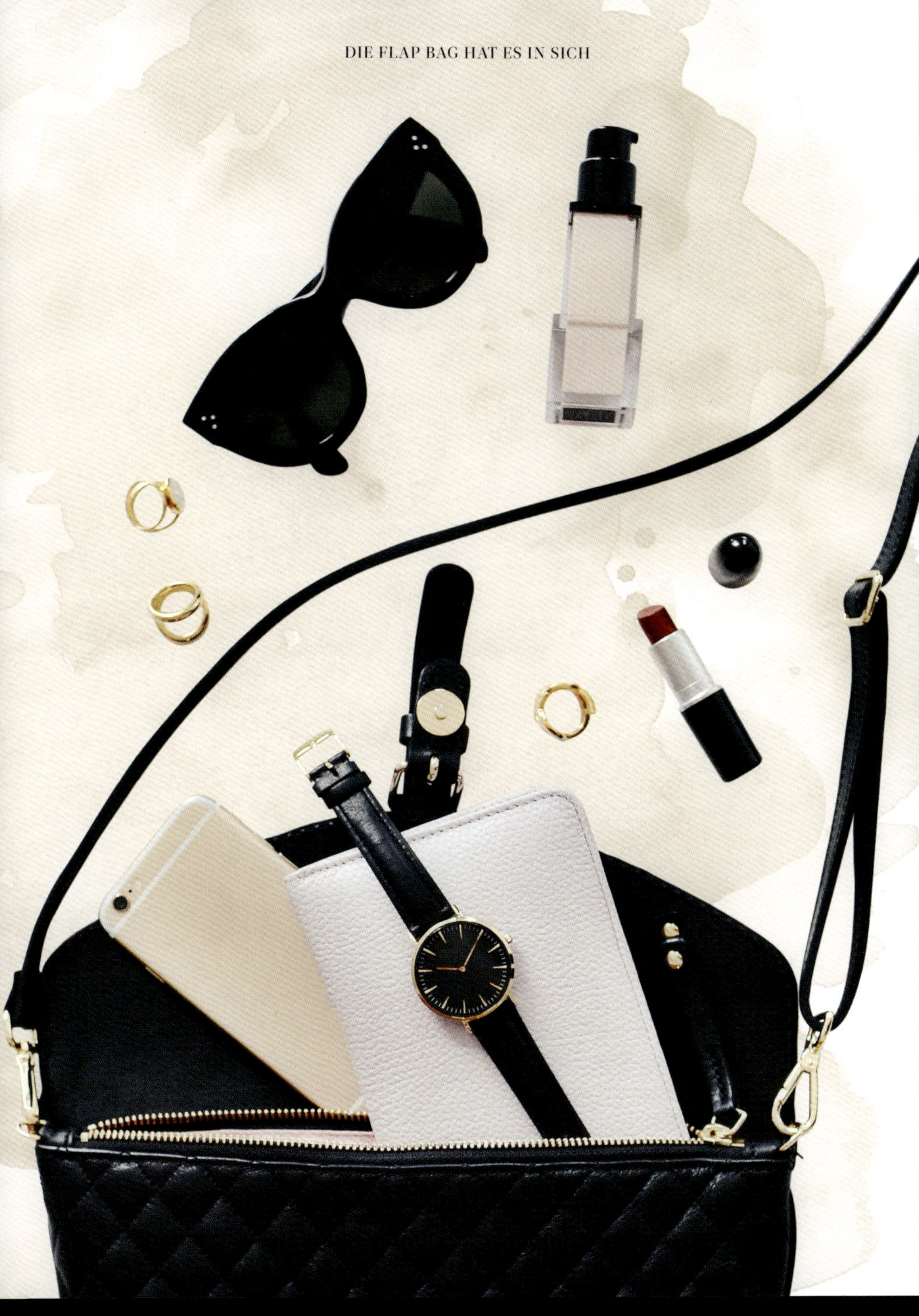
DIE FLAP BAG HAT ES IN SICH

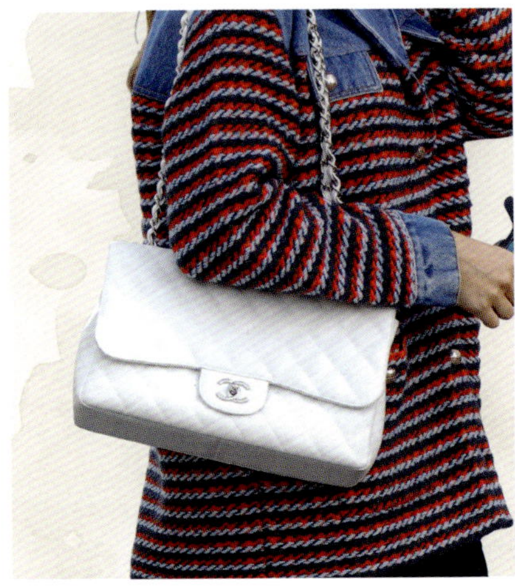
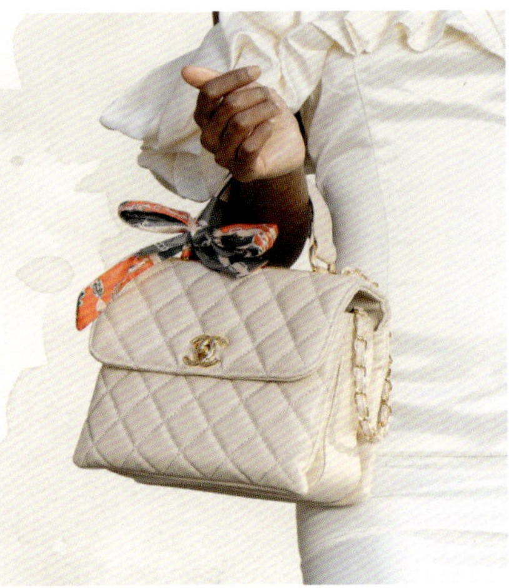

Haben Sie Ihre Tasche gefunden, müssen Sie nur noch entscheiden, wie Sie sie tragen. Es gibt drei Varianten, bei denen Sie die Hände freihaben, wie von Chanel gewünscht.

SCHRÄG AM KÖRPER
Das Einfachste ist, die Tasche am langen Riemen diagonal zu tragen. Dies ergänzt Ihr Outfit auf Reisen oder auf dem Weg zur Arbeit perfekt und setzt einen interessanten Akzent, besonders wenn die Tasche eine Metallkette hat.

ÜBER DER SCHULTER
Eine elegante Art, Ihre Tasche zu tragen, ist über der Schulter, mit langem oder kurzem Riemen. Mit einer kurzen Kette können Sie die Tasche auch unter die Achselhöhle klemmen, was für zusätzliche Sicherheit sorgt. Ist die Kette länger, schwingt Ihre Tasche beim Gehen und ist leichter zugänglich.

AM ELLBOGEN
Die vielleicht piekfeinste Art, eine Tasche zu tragen, ist eingehakt am Ellbogen. Zwar sind die Hände dann nicht wirklich frei, aber bei der Pose können alle Umstehenden ihre tolle Tasche bewundern, wenn Sie eine SMS schreiben.

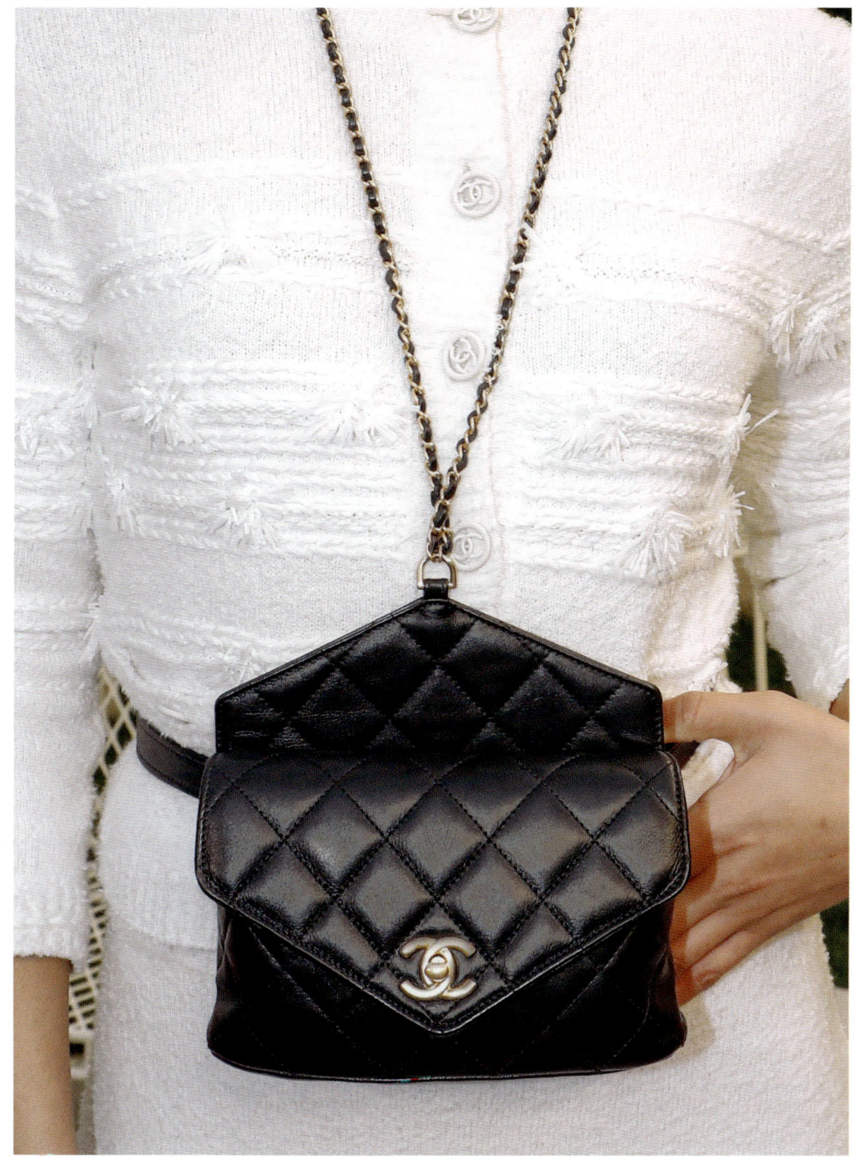

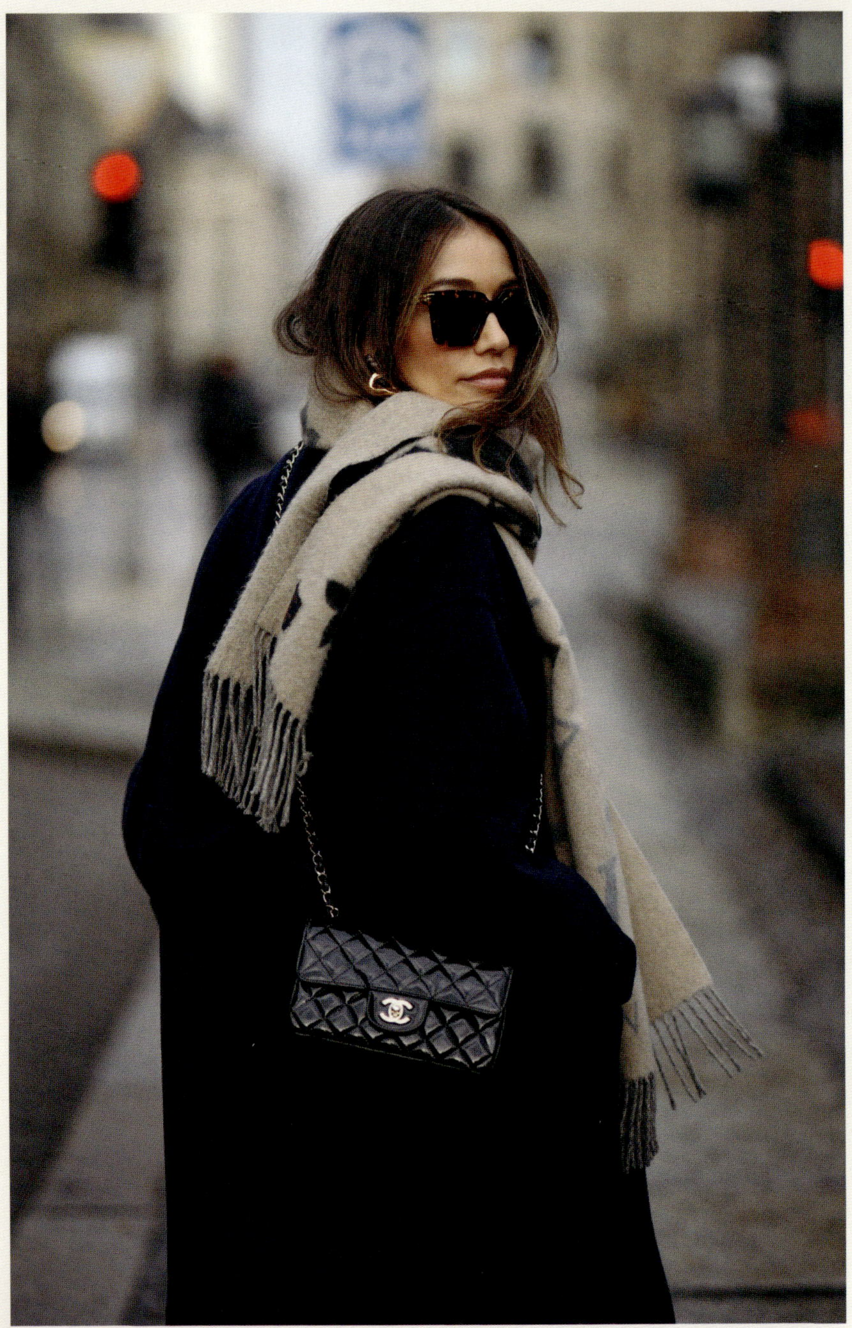

Egal, welche Tasche Sie wählen und wie Sie sie tragen: Eine Chanel-Tasche sollte Ihr Leben prinzipiell einfacher machen. Lässt sie Sie nicht mit Leichtigkeit durch die Welt gehen und haben Sie damit keinen schnellen Zugriff auf Ihre Siebensachen, ist sie nicht die Richtige. Und denken Sie daran: Den ein oder anderen begehrlichen Blick darf sie ruhig auf sich ziehen. Ihre Tasche sollte schön und gut gemacht sein – und Sie einfach glücklich machen. Funktionalität ja, aber bitte keinen alten Rucksack!

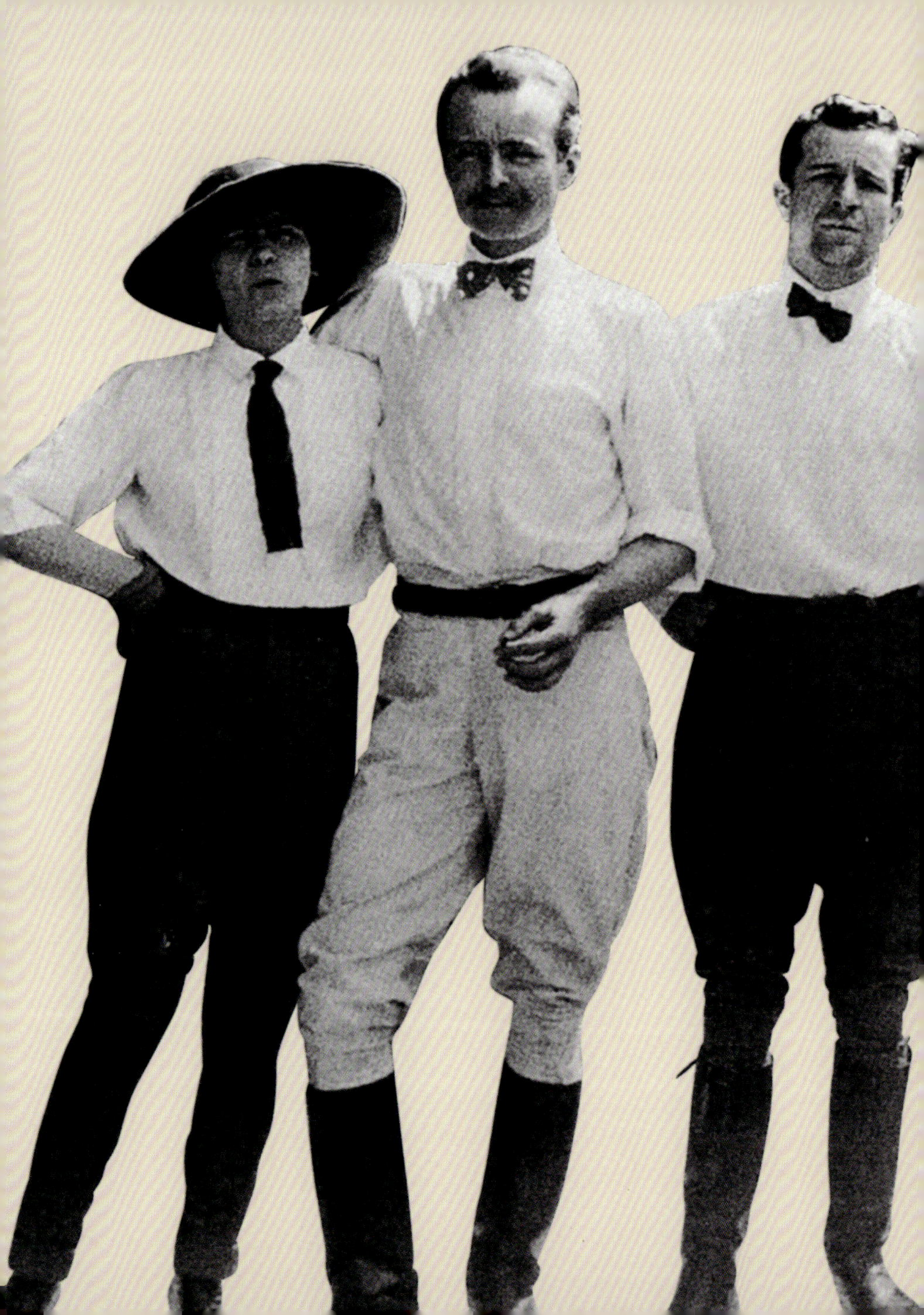

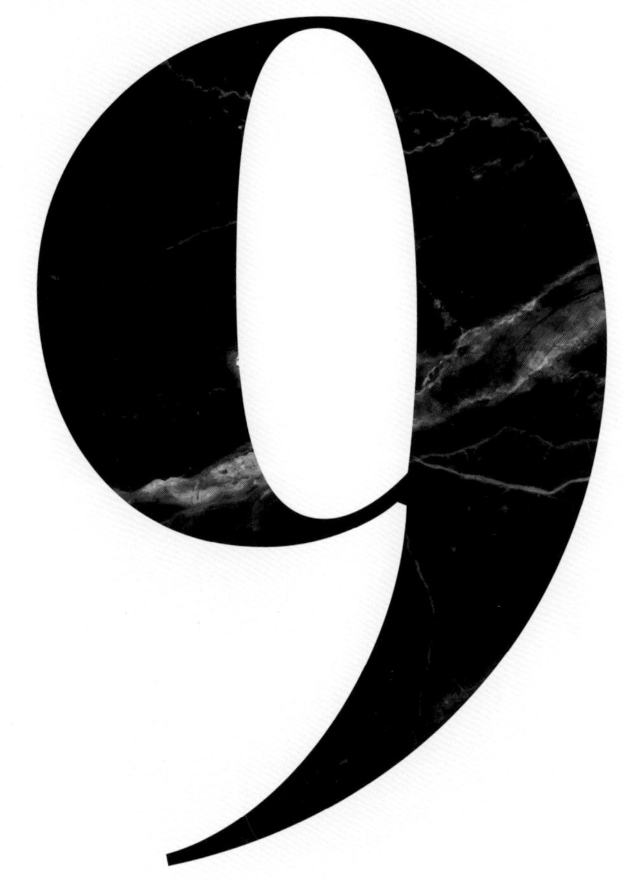

Von den
JUNGS BORGEN

„Männer
vergessen nie
eine Frau, die
ihnen Sorgen
und Unbehagen
bereitet hat."

Coco Chanel

Coco Chanel war eine charakterstarke und selbstbewusste Frau. Sie akzeptierte die Welt nicht, wie sie war, sondern suchte und fand Wege, sie in ihrem Sinne zu verbessern. Sie verhielt sich, kleidete sich und präsentierte sich nicht so, wie es die Gesellschaft von ihr erwartete, sondern so, wie es ihr gefiel.

Ihr Unternehmen wuchs, und sie verkörperte den Typus „Neue Frau“: unabhängig und wohlhabend. Vor allem unabhängig. Sie hatte Liebhaber, heiratete nie, reiste um die Welt und verfeinerte ihre Ideen. Sie erdichtete sogar eigene Versionen ihrer Lebensgeschichte, weil ihr die Wahrheit einfach nicht passte. Sie handelte in ihrem eigenen Interesse und stieg in der Gesellschaft auf, ohne den Hauch eines

Selbstzweifels oder Hochstapler-Syndroms erkennen zu lassen. Sie war eine Frau, doch sie benahm sich wie ein Mann.

Wir wissen, dass Chanel sich aus den Kleiderschränken ihrer männlichen Freunde bediente. Ihre zweifarbigen Slingbacks sind von den Golfschuhen des Herzogs von Westminster inspiriert. Jacketts und Hosen liegen bereits in den Kleiderschränken der Männer, bevor Chanel sie für ihre Zwecke veredelt. Gestreifte Oberteile werden von Fischern, gesteppte Jacken von Stallburschen getragen. Das Anbringen von nützlichen Taschen auf Frauenkleidern ist ebenfalls eine ihrer Innovationen.

Bevor sie sich damit beschäftigt, ist Schmuck etwas, das Männer Frauen schenken. Den Cardigan, den sie englischen Cricketspielern abgeguckt haben soll, übernimmt Chanel, weil es ihr nicht gefällt, wie Pullover mit engem Halsausschnitt beim Ausziehen ihre Haare durcheinanderbringen. Apropos Haare: Sie gehört zu den ersten Frauen, die sie kurz und burschikos tragen. Sie schneidet sie sich übrigens selbst.

Doch es geht ihr nicht darum, männlich auszusehen oder sich männlich zu fühlen. Ganz im Gegenteil. Die von Chanel kreierten Kleidungsstücke und Accessoires sind eindeutig feminin. Sie verleihen der Trägerin zwar keine Sanduhrsilhouette und kein pralles Dekolleté, sind aber hochelegant und schön. Form und Struktur ihrer Kleidung lehnen sich an die Garderobe der Männer an. Doch sie dekoriert sie mit glänzenden Knöpfen, Bändern und feinen Details, manchmal vollendet eine Kamelienblüte am Revers das Ensemble. Was Chanels Kreationen von der Männermode übernehmen, ist eine Haltung: Sie schenken den Frauen die Bewegungsfreiheit und Funktionalität, die Männer längst gewohnt sind und die den Frauen bis dahin verwehrt wird.

Seit den frühen 1900er-Jahren lehnt Chanel die gängige Vorstellung ab, Frauenkleider sollten die Beziehung der Trägerinnen zur Männerwelt widerspiegeln. Während die

Wetten, Sie wussten nicht, dass die Strickjacke ursprünglich Männern vorbehalten war? Vielleicht assoziieren Sie sie auch mit Großmüttern, vor allem in Kombination mit Perlen? Denken Sie noch einmal nach. Sie können diesem Kleidungsstück ein bisschen Drive verpassen. Auf der nackten Haut getragene Modelle mit V-Ausschnitt oder von den Schultern herabhängende Oversized-Varianten sind beliebte moderne Looks. Stecken Sie die Strickjacke vorn in Ihre Jeans, um Ihre Taille zu betonen – et voilà!

meisten jungen It-Girls auf der Pferderennbahn prunkvolle Kleider und Korsetts tragen, die ihnen ihre Ehemänner, Väter oder Liebhaber gekauft haben, trägt Chanel Jacketts und Krawatten, die sie bei ihren Männerbekanntschaften stibitzt. Damals ist sie die Geliebte von Étienne Balsan, der sie finanziert. Ihre Situation unterscheidet sich also nicht von der vieler anderer Frauen. Ihre Kleidung aber schon. Indem sie Balsans Kleidung trägt und nicht die, die er ihr kaufen könnte, fällt sie auf. Sie ist nicht einfach eine weitere mit Rouge gepuderte Frau im Korsett. Die Menschen wissen nicht, was sie von ihr erwarten sollen. Chanel widersetzt sich der Norm, und dadurch übernimmt sie die Kontrolle.

Die Idee, von den Jungs zu borgen, geht für Chanel über die Kleidung hinaus, so viel steht fest. Es geht um die Attitüde, die die Kleidung erzeugt, um die Haltung. Oder mehrere Haltungen. Auf Fotos sieht man Chanel meistens in Posen, die vor Selbstbewusstsein strotzen. Immer wieder tauchen bestimmte Gesten auf, und keine davon steht für traditionelle Weiblichkeit.

Oft hat sie die Hände tief in die Taschen gesteckt. Mit einer Hand oder beiden an die Hüfte gelegt, steht sie entweder gerade oder mit ganz leicht zur Seite geneigter Hüfte. Beim Sitzen hat sie die Beine übereinandergeschlagen. Sie hält sich gerade und reckt ihre Zigarette in die Höhe. Manchmal verschränkt sie die Arme. Nicht in Verteidigungshaltung, sondern locker und selbstbewusst.

Ein ähnlicher Geist weht in den Werbekampagnen von Chanel. Die „Chanel Woman" in ihrer konzentriertesten Form strahlt ein wissendes Selbstvertrauen aus. Frühling/Sommer 2004: Kate Moss sitzt barfuß in einem silbernen Kleid auf dem Boden – nicht brav hockend, sondern mit gespreizten Beinen. Frühling/Sommer 1995: Claudia Schiffer hakt ihre Zeigefinger in die Vordertaschen ihres lila Tweedkleides, die Hüfte zur Seite gestreckt, die Ellbogen ausgefahren. Herbst/Winter 2014: Cara Delevingne lehnt an den Seilen eines Boxrings, die Arme lässig aufgestützt. Frühling/Sommer 2002: Stella Tennant schreitet allein mit gesenktem Kopf durch Biarritz.

Wenn Coco Chanel Kleidungsstücke entwirft, dann für die Person, die sie selbst sein möchte: eine Frau, die weiß, was sie will, wohin sie geht und wie sie mit ihrer Aura Wirkung erzeugt. Dies alles klingt langsam ein wenig skurril, könnten Sie sagen. Aber Mode hat eine mächtige, transformative Kraft. Chanel weiß um die Macht der Kleidung. Wir alle kennen sie: Es gibt nichts Schlimmeres, als sich unwohl zu fühlen. Indem Chanel Männerkleidung für Frauen modifiziert, verändert sie das Selbstverständnis der Trägerinnen und führt ein neues Frauenbild ein: Die *neue* Frau hat ein eigenes Fahrrad, eigene Zigaretten und einen eigenen Beruf.

Vieles von dem, was Chanel sich von den Jungs abschaut, hat mit praktischem Denken zu tun. Auf die Gefahr hin, mich zu wiederholen, möchte ich betonen: Frauenkleidung ist zur damaligen Zeit in funktionaler Hinsicht alles andere als praktisch. Als Chanel 1916 knöchelhohe Kleider entwirft, müssen Frauen zum ersten Mal ihre Röcke nicht mehr raffen, um eine Stufe hinaufzusteigen. Chanels Absätze sind zum Laufen gemacht, die Taschen ihrer Jacketts zum Aufbewahren von Dingen. Für Frauen sind diese Elemente heute eine Selbstverständlichkeit. Sie sind vom Kleiderschrank des Mannes in den der Frau gewandert. Und man kann gar nicht genug betonen, welch großen Einfluss Chanel dabei hatte.

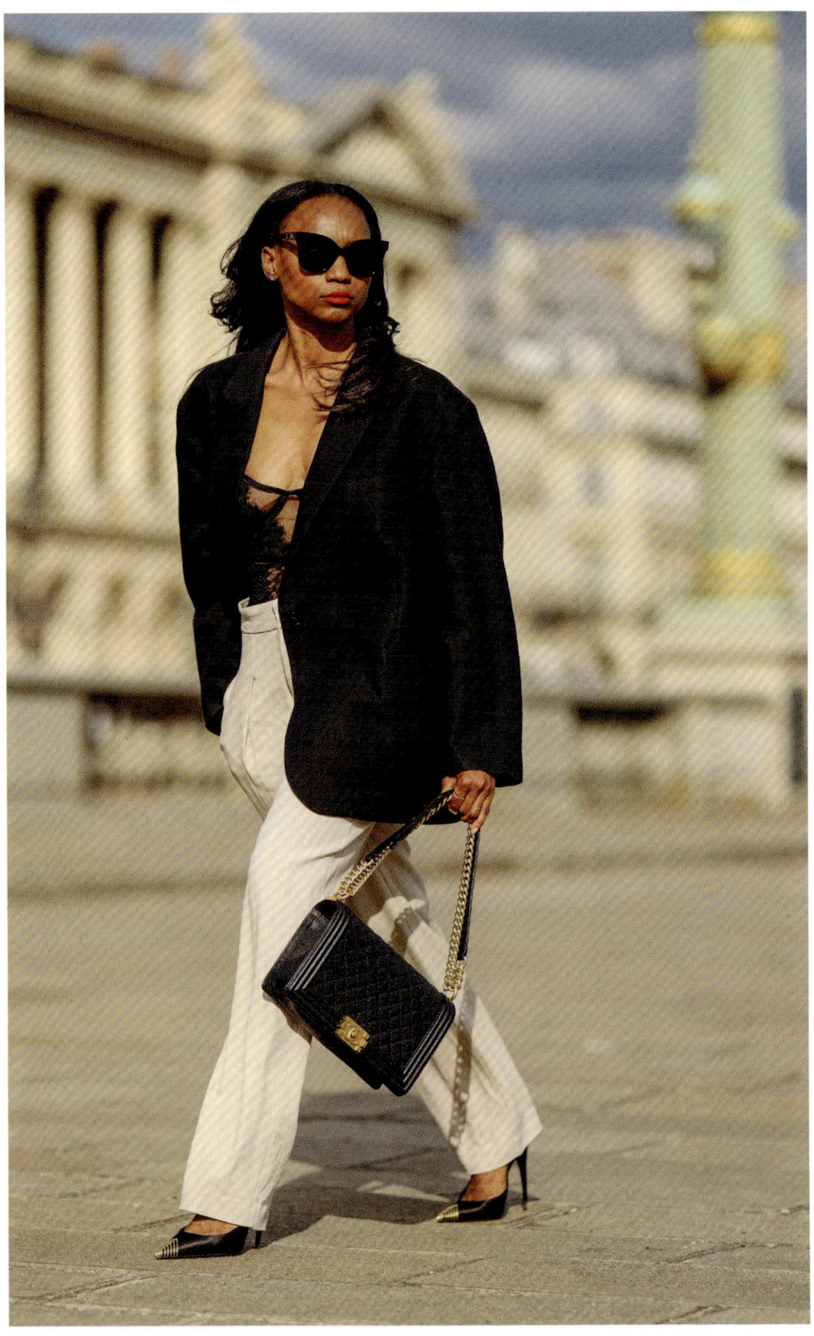

Ready to wear

Von den Jungs zu borgen, ist in der heutigen Welt kein bahnbrechendes Konzept mehr – und das nicht nur, weil sich westliche Frauen schon seit weit über hundert Jahren trauen, nicht nur Röcke und Kleider zu tragen. Heute sind die Geschlechterrollen weniger strikt definiert wie zur Zeit von Chanels Debüt. Das Konzept des Geschlechts selbst ist ein viel diskutiertes kulturelles Thema des 21. Jahrhunderts. Personen definieren es nach eigenen Regeln, nicht nach der Biologie.

Die Art und Weise, wie wir Kleidung tragen, ist heute ein offeneres Spiel, egal welches Geschlecht auf dem Etikett steht. Feste Regeln sind passé, außer in verstaubten Traditionsklubs mit strenger Kleiderordnung. Designer-Kollektionen werden heute meist neutral präsentiert, mit Models aus verschiedensten Geschlechterwelten. In der Modeindustrie werden Geschlechteretiketten heute möglichst vermieden. Der Fashion-Community kommt das entgegen: Die Branche bestimmt zwar, was angesagt ist, war aber auch immer ein sicherer Hafen für Menschen, die gegen den Strom schwimmen.

Wir können uns dem Konzept also spielerisch nähern. Manche Kleidungsstücke wurden ursprünglich für Männer entworfen, nehmen aber heute im Kleiderschrank der Frau einen wichtigen Platz ein. Im Folgenden finden Sie eine Zusammenstellung meiner Top Five.

Der Blazer

Boxy, tailliert, zweireihig, breitschultrig ... bei Blazern haben Sie freie Wahl. Es ist schwierig, da etwas falsch zu machen. Nicht ohne Grund gehört das maßgeschneiderte Jackett zur Uniform jeder Moderedakteurin. Besuchen Sie eine Modeschau und Sie werden sehen, wie viele in der Front Row eines tragen. Ich empfehle ein klar strukturiertes, größeres Modell mit kantigen Schultern (Achtung: nicht tailliert) in Schwarz, Marineblau oder aus Wollstoff mit Nadelstreifen. Bouclé-Stoff ist eine Referenz auf Chanels Tweedkostüme. Ein Prince-of-Wales- oder Hahnentritt-Karo mit Ellbogenaufnähern erinnert an Cocos Landpartien mit dem Herzog von Westminster. Samt wirkt glamourös und ist eine tolle Variante für den Winter. Kombinieren Sie eins dieser Modelle mit einem einfarbigen T-Shirt oder einer Bluse, oder tragen Sie darunter eine seidene Camisole (oder gar nichts) für einen sexy Look am Abend.

Mokassins

Ein bisschen Streber-Flair, ein bisschen Hausschuh-Feeling: Mokassins sind seit zehn Jahren bei Fashionistas in Mode und werden es auch bleiben. Die beliebtesten Modelle sind aus butterweichem schwarzen oder cremefarbigen Leder mit goldenen Beschlägen. Mit Mokassins kann man kaum etwas falsch machen. Ich finde, sie sehen auch in leuchtenden Farben gut aus – Rot, Grün oder Metallic. Varianten mit Plateausohlen sind optimal, wenn Sie resolut auftreten oder etwas an Höhe gewinnen wollen.

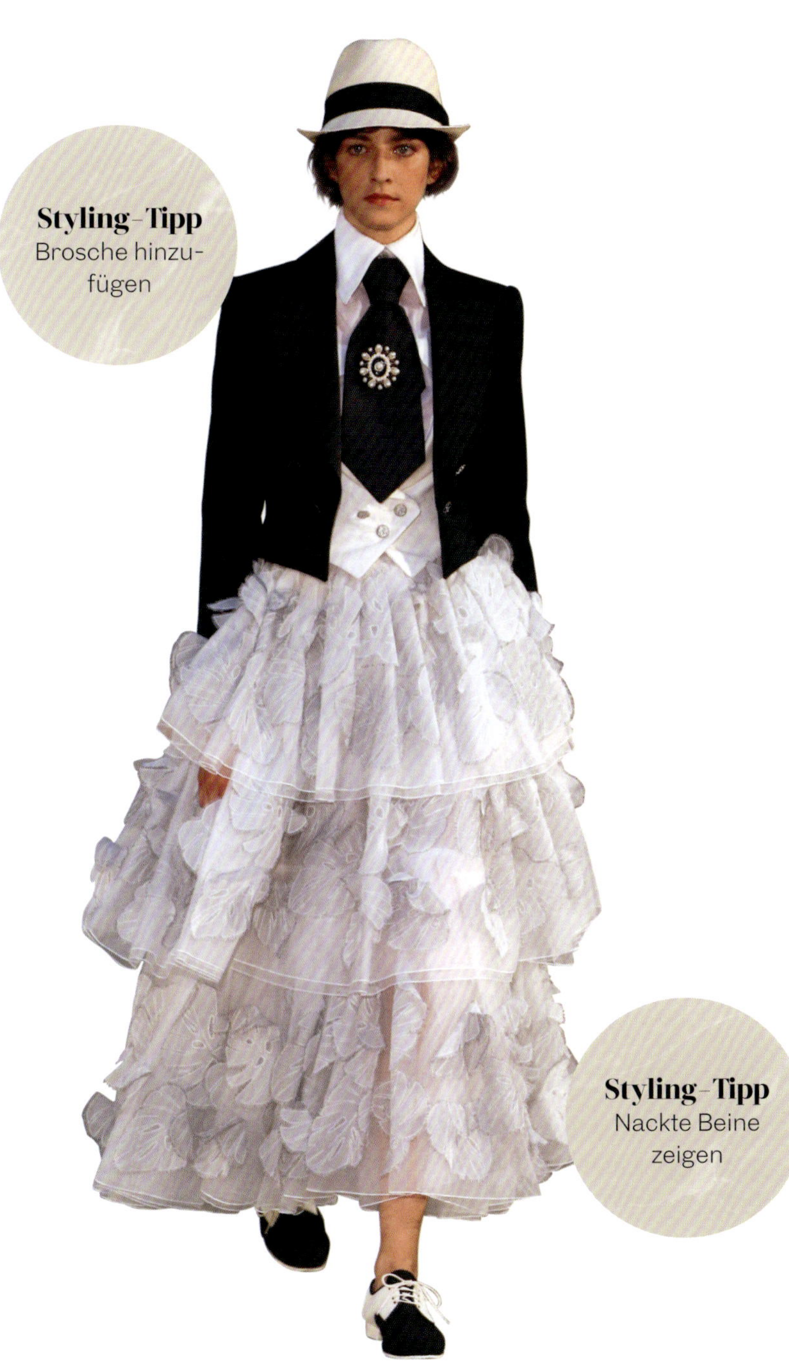
Styling-Tipp
Brosche hinzu-
fügen
Styling-Tipp
Nackte Beine
zeigen

Der Dreiteiler

Keine Angst vor dem Dreiteiler – er ist nicht so nobel, zugeknöpft oder piekfein, wie Sie denken. Zusammen getragen wirken Sakko, Hose und Weste elegant und kraftvoll. Einzeln getragen sind es drei individuelle, maßgeschneiderte Teile, die Sie oft verwenden werden. Wer besonders stylish ist, trägt das Ensemble mit Turnschuhen oder High Heels und nichts darunter: weniger Geschäftsfrau, mehr Boheme. Bei Anzügen mit Krawatte denken wir an Diane Keaton in *Der Stadtneurotiker*.

Styling-Tipp
Seidentuch oder Béret hinzufügen

Das Boyfriend-Hemd

Adrett, poliert, etwas sexy, aber nie um die Oberweite spannend: Ein Hemd mit gradem, maskulinem Schnitt gehört in den Kleiderschrank jeder Frau. Das Wichtigste ist, ein locker sitzendes Modell in leichter Übergröße zu finden (nie eng). Meiden Sie Stretch und Varianten mit Abnähern oder abgerundeten Säumen. Wählen Sie weiße, blassblaue oder gestreifte Oxford-Modelle. Bei größeren Oberweiten wirken Leinen oder Seide schmeichelhafter und fließender. Übergroße Manschetten sind hübsch, können sich aber unangenehm schlabbrig anfühlen. Stecken Sie Ihr Hemd mit einem „French Tuck" vorn ein (lassen Sie den Rest des Hemdes lose), öffnen Sie ein paar Knöpfe und krempeln Sie die Ärmel hoch.

Styling-Tipp
Mit Perlen- oder Goldketten kombinieren

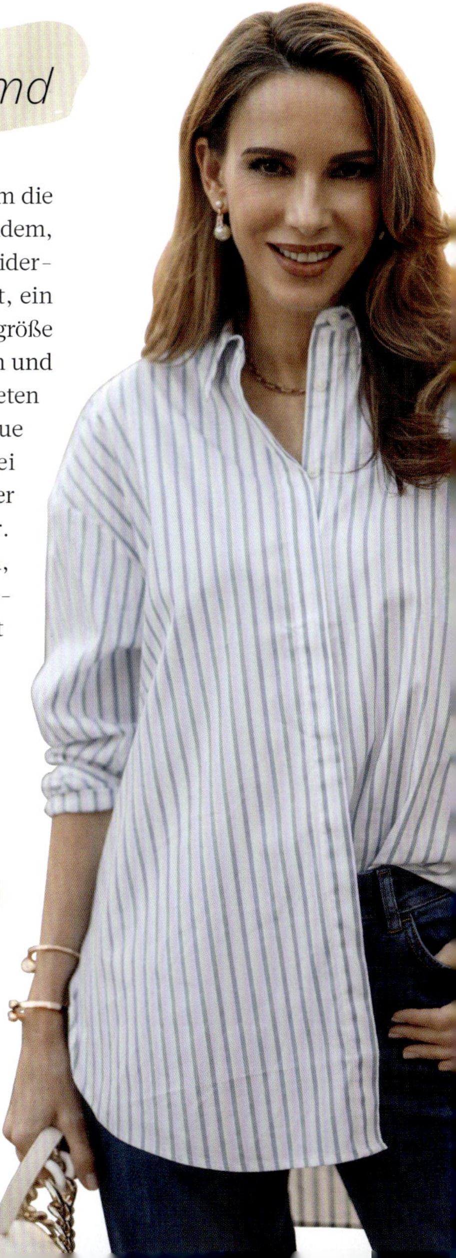

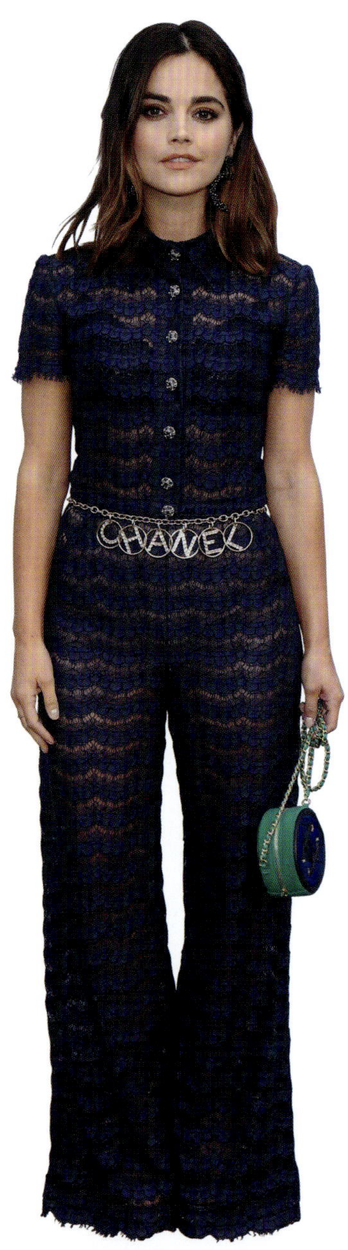

Der Overall

Der ursprüngliche „Jumpsuit“ bestand aus robustem Stoff und war als Arbeitskleidung für Fallschirmspringer gedacht. Chanel-Versionen von Karl Lagerfeld und Virginie Viard sind ein bisschen glamouröser – J.Lo, Cardi B und Gigi Hadid trugen sie auf Laufstegen und roten Teppichen. Für den Rest von uns sind sie eine tolle Alternative zu Kleidern, da man im Handumdrehen ein komplettes Outfit hat. Mit einer Abendversion geben Sie richtig Gas. Ein Modell für den Tag gibt Ihnen das Gefühl, dass Ihnen alles gelingen wird (außer schnell auf die Toilette zu gehen). Am liebsten mag ich Varianten aus Jeansstoff, Samt und Cord, da sie unkompliziert zu tragen sind.

Styling-Tipp
Eine Kette um die Taille oder die Hüften

Die hier genannten Kleidungsstücke lassen sich nahtlos in Ihre Garderobe integrieren. Sie können sie für die Arbeit oder das Wochenende mit Basics, verschiedenen Schichten oder Jeans kombinieren. Wie „oversized“ es für Sie sein soll, ist Ihre persönliche Entscheidung. Ein leichter Boxy-Schnitt ist elegant, doch Sie sollten das andere „B“ vermeiden: Baggy.

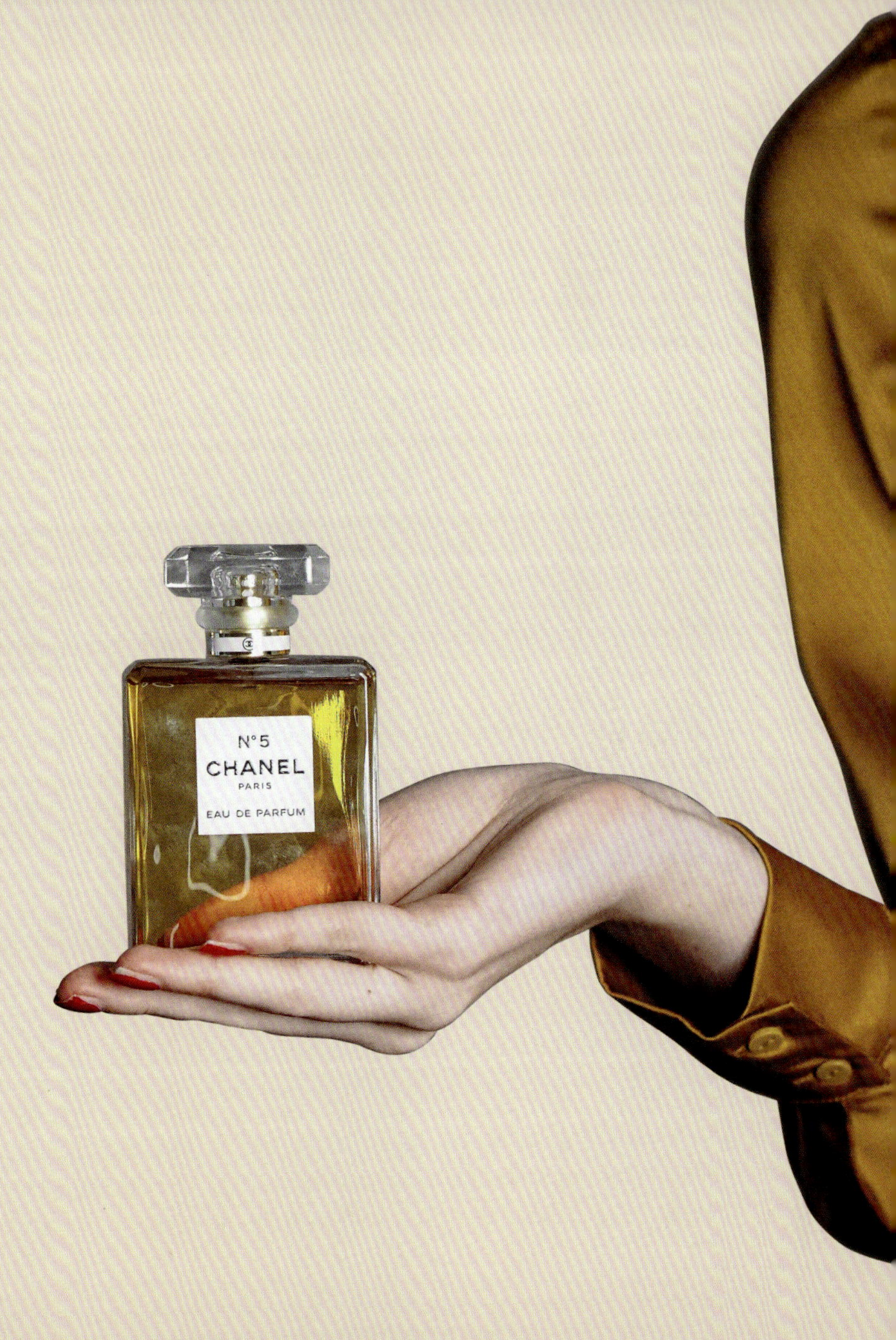
N°5
CHANEL
PARIS
EAU DE PARFUM

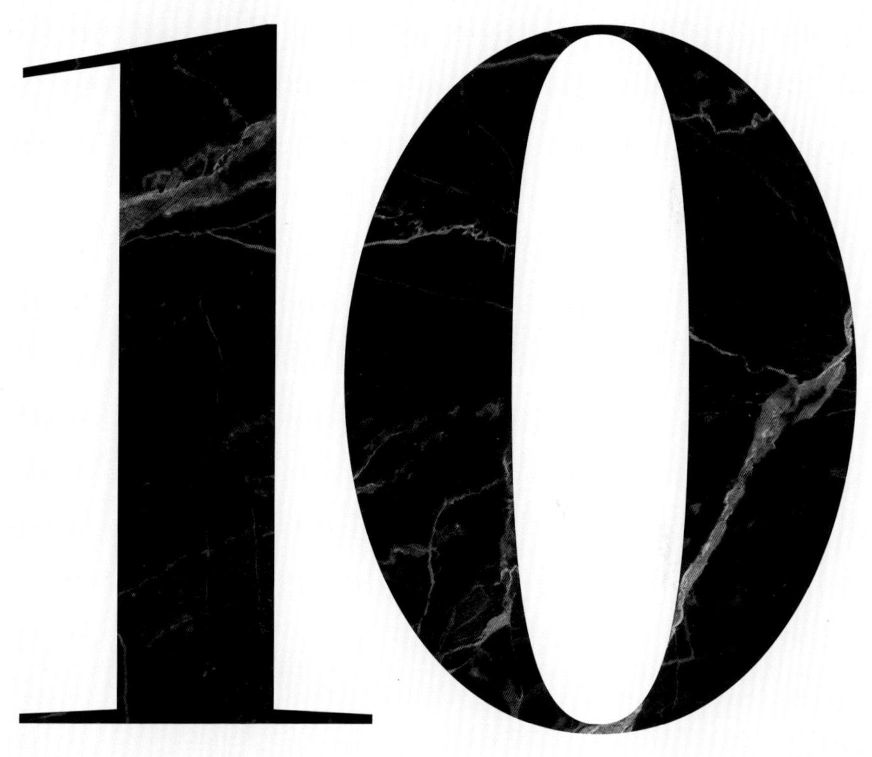

Parfum, Sonnenbräune & ROTE LIPPEN

„Eine Frau, die kein Parfum trägt, hat keine Zukunft.“

Coco Chanel

Natürlich gibt es für Coco Chanel auch in der Kosmetik Regeln, die sie beharrlich befolgt (und diktiert). Wie ihre Haltung zu Kleidung ändern sich auch ihre kosmetischen Rituale nicht wesentlich. Es ist ein weiteres Beispiel für ihr Selbstbewusstsein: Sie wählt einen Look (und einen Duft), den sie mag, und bleibt ihm treu. Nicht einmal ihre Frisur ändert sich, nachdem sie 1916 den Bob für sich entdeckt hat.

Und ihr Ansatz ist offensichtlich erfolgreich. Wenn Sie die von Chanel propagierten Philosophien und Produkte betrachten, stellen Sie wahrscheinlich fest, dass Sie sie bereits anwenden oder die entsprechenden Artikel in Ihrem Badezimmerregal stehen. Chanels Beauty-Ansatz ist einfach: Es geht darum, sich selbst etwas Gutes zu tun. Ihrer Meinung nach gibt es keine Stimmung, die sich nicht durch zehn Minuten Styling ein wenig aufhellen lässt.

Viele berühmte Persönlichkeiten pflegen einen ganz eigenen Look. Wenn wir an Anna Wintour denken, sehen wir ihren Hochglanz-Bob und ihre schwarze Sonnenbrille.

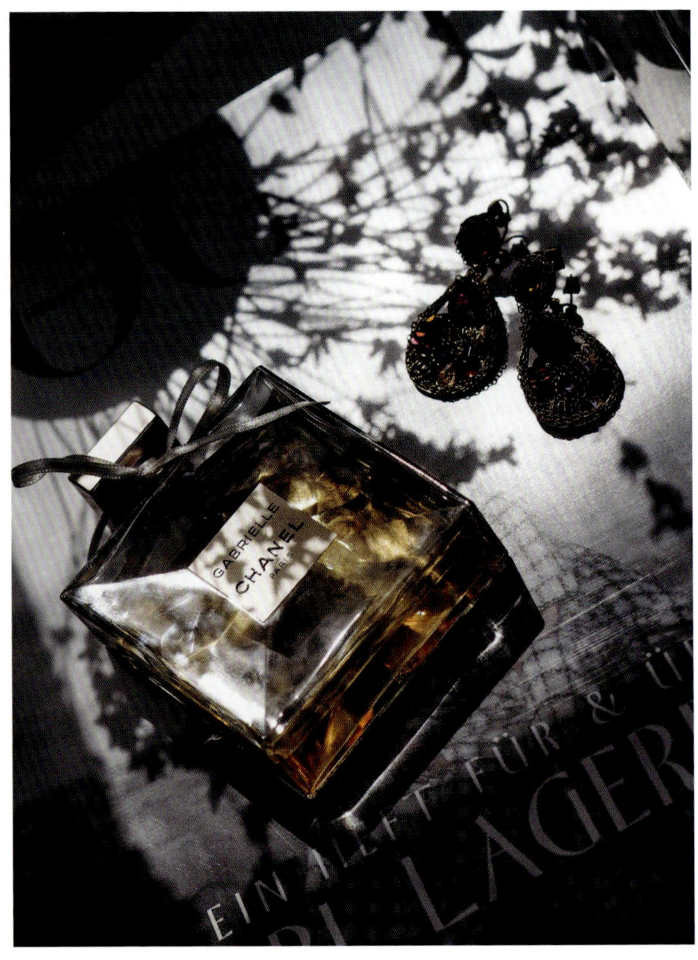
GABRIELLE
CHANEL
PARIS

Donatella Versace ist bekannt für ihr platinblondes Haar und ihren hautfarbenen Lippenstift. Alle kennen den Schönheitsfleck und die goldenen Locken von Marilyn Monroe (mehr über sie später). Neben ihrem dunklen Kurzhaarschnitt gibt es drei Dinge, für die Chanel bekannt war. Für ihren Duft – immer ihr eigenes Parfum, Chanel N° 5. Für ihren bronzefarbenen Teint – sie machte die Sonnenbräune populär. Schließlich für ihre purpurroten Lippen: Man sah sie selten ohne roten Lippenstift. Ihn aufzutragen verglich sie mit dem Anlegen einer Rüstung.

Heute sind Parfums und Kosmetikprodukte ein wichtiger Bestandteil des Chanel-Universums: Wenn Sie sich die Kleider und Accessoires der Marke nicht leisten können, dann vielleicht ein Fläschchen Nagellack. Die Produkte der Marke zelebrieren noch immer die Prinzipien ihrer Gründerin. Der folgende Abschnitt beschreibt ihre Entstehung. Dazu erhalten Sie Tipps, wie Sie sie in Ihre eigene Routine einbinden können.

TRAGEN SIE PARFUM

Alle dreißig Sekunden wird eine Flasche davon verkauft, und Marilyn Monroe trug im Bett bekanntlich nur das: Chanel N° 5. Vor etwas mehr als hundert Jahren veränderte es für immer die Art und Weise, wie die Welt über Parfum denkt. Und das alles dank der Fähigkeit seiner Schöpferin, neue Standards zu definieren.

Chanel liebte Parfum. Sie hatte einen hochempfindlichen Geruchssinn und eine klare Meinung darüber, wer und was „sauber" war. Andere Modehäuser kreieren bereits eigene Parfums, als Chanel mit vierzig Jahren beginnt, ihre zu entwickeln und zu verkaufen. Die auf dem Markt erhältlichen Produkte sind im Prinzip recht eindimensionale Blütenessenzen. Chanel wünscht sich für ihren eigenen Duft mehr Komplexität: Er soll die moderne Frau repräsentieren.

Chanel N° 5 besteht aus über achtzig natürlichen und synthetischen Inhaltsstoffen, die als Ensemble das bilden, was Coco sich wünscht: das teuerste Parfum der Welt.

Sie kreiert den Duft nicht selbst. Ein französischer Parfümeur namens Ernest Beaux entwickelt die Formel. Sein profundes Fachwissen hebt ihn von seinen Konkurrenten ab: Er verwendet Aldehyde, organische Verbindungen, die den Duft stabiler und somit langlebiger auf der Haut machen. Beaux präsentiert Chanel eine Auswahl von Proben. Sie wählt die goldene Flüssigkeit in Fläschchen Nummer fünf.

Dies ist eine der Theorien zur Namensgebung des Produkts. Eine andere besagt: Chanel ist abergläubisch, und eine Wahrsagerin hat ihr gesagt, Fünf sei ihre Glückszahl. Und: Chanel ist Löwe – das fünfte Sternzeichen. Der Name und der elegante Art-déco-Flakon, der einen Gegenpol zu den romantisch überladenen Behältern anderer Parfums bildet, machen das Parfum zu einem sofortigen Erfolg. Es ist nach wie vor weltweit bekannt, und das Haus Chanel bezeichnet es noch heute als seinen Schatz.

1952 posiert Marilyn Monroe, damals die berühmteste Frau der Welt, für das Magazin *Life*. Auf dem Foto besprüht sie sich mit einer Flasche Chanel N° 5. Im dazugehörigen Interview behauptet sie, dies sei das Einzige, was sie im Bett trage. Bis zu ihrem Tod bringt Chanel noch sechs weitere Düfte auf den Markt, darunter einen für Männer. Heute bietet das Haus Chanel allein für Frauen mehr als doppelt so viele Parfums an, dazu eine Serie für Männer. Sie haben also eine reiche Auswahl, wenn Sie das Richtige für sich selbst finden möchten.

Wo und bei welcher Marke Sie Ihr Parfum kaufen, ist nicht wesentlich. Gemäß den Stilregeln von Chanel gilt nur eine Prämisse: Tragen Sie es.

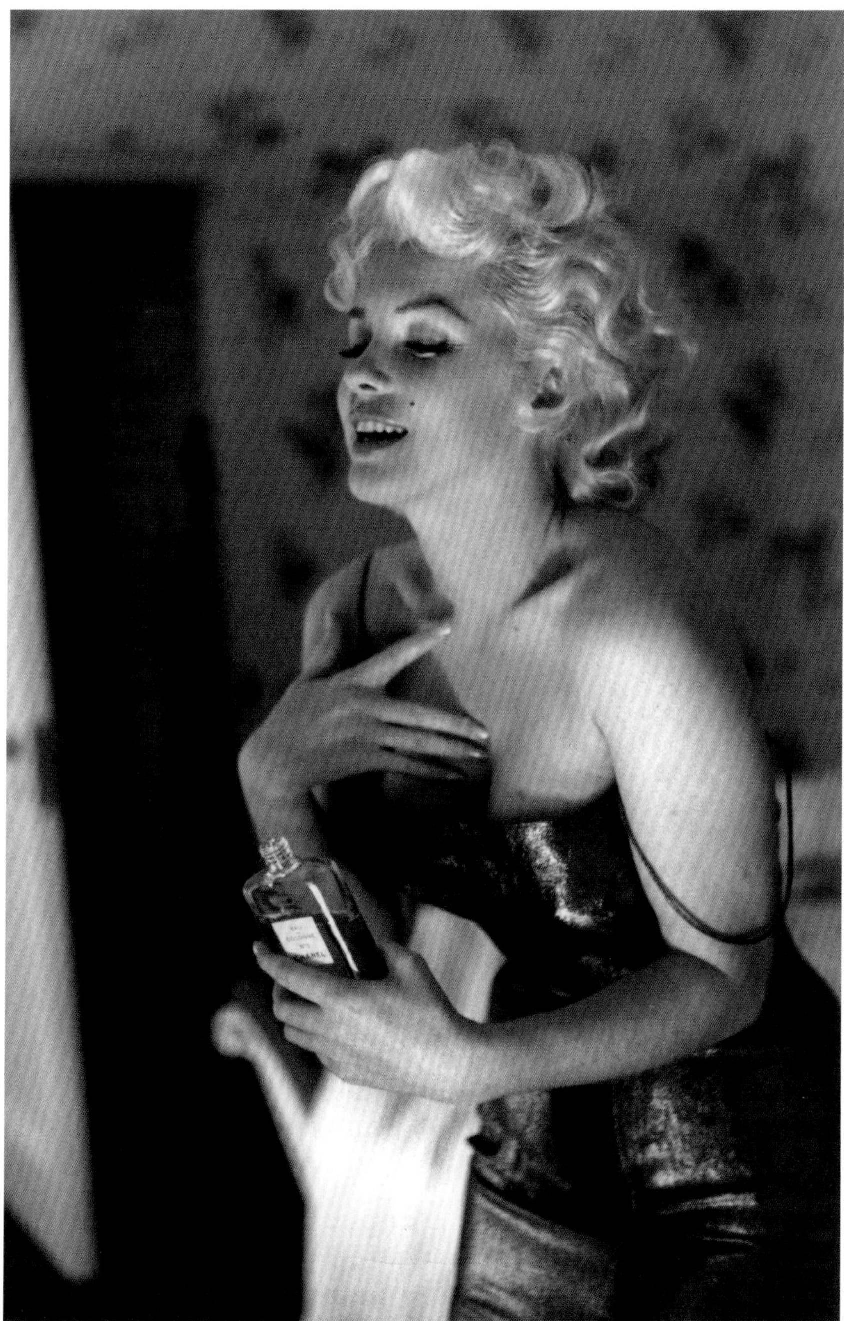

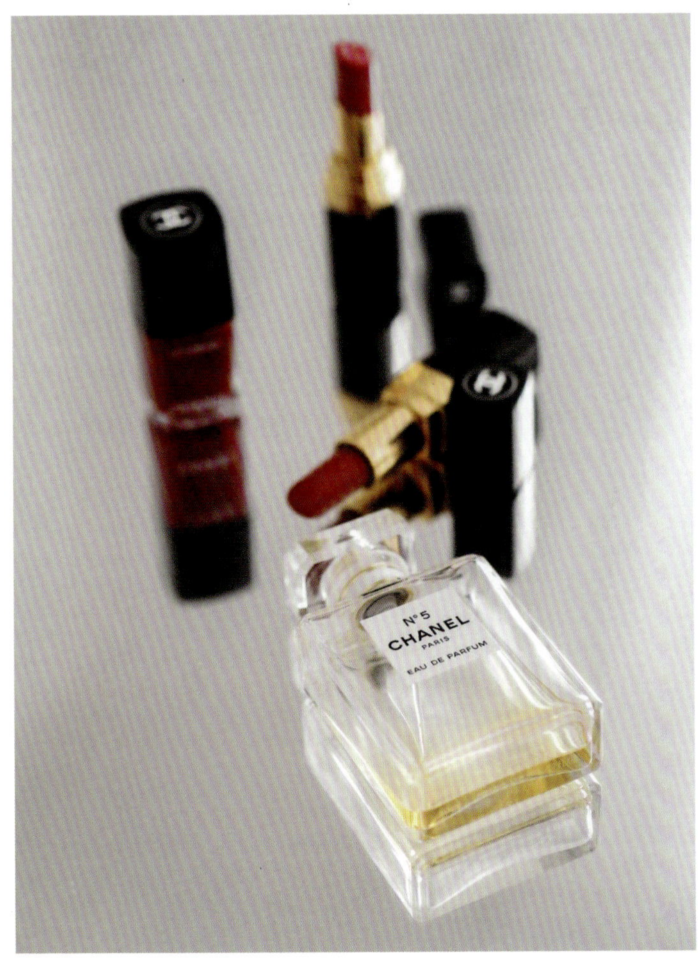
N°5
CHANEL
PARIS
EAU DE PARFUM

So erzeugen Sie den Chanel-Look

Bräunen Sie sich (oder täuschen Sie es vor)

Chanel ist eine der ersten Frauen, die die Sonnenbräune populär macht. Bis dahin haben sich glamouröse Wesen so etwas nicht träumen lassen: Blasse Haut steht für Noblesse und ein leichtes Leben ohne Arbeit im Freien. Doch dann tritt Coco Chanel auf den Plan. Ein einziges Foto genügt. Es zeigt sie im Jahr 1923, wie sie nach einer Kreuzfahrt, auf der sie zu viel Sonne abbekommen hat, an Land geht. Bald heißt es: Blässe ist „out", Bräune „in". Ein Beispiel für den enormen Einfluss, den sie auf dem Höhepunkt ihrer Karriere hat. Laut Chanel ist Sonnenbräune ein einfacher Weg, um die natürliche Schönheit zu unterstreichen. In ihrer Villa an der Côte d'Azur verbringt sie viel Zeit im Freien und trägt dabei weiße Perlen, die ihre Bräune betonen.

Heutige Dermatologen sind mit ihren Methoden nicht unbedingt einverstanden. Aber es gibt viele Möglichkeiten, einen goldenen Teint zu bekommen, ohne sich auf die Sonnenbank zu legen. Falsche Bräune ist das Mittel der Wahl: Ich würde Schaum verwenden (tragen Sie dabei einen Handschuh). Für einen gleichmäßigen Auftrag ohne Streifenbildung empfehle ich ein Peeling und eine Feuchtigkeitspflege am Vorabend. Bräunungstropfen, die in die Gesichtscreme gemischt werden können, sind eine hervorragende und schnelle Lösung über Nacht (vergessen Sie nicht, sich danach gründlich die Hände zu waschen).

Für einen weniger dramatischen Effekt können Sie eine gesunde Bräune aus Ihrer Kosmetiktasche zaubern: Laut der britischen Visagistin Julia Wren, die Prominente, Models für Werbekampagnen wie auch Normalsterbliche schminkt, ist Bronzer die perfekte Lösung. Allerdings sollte man damit nicht das ganze Gesicht abdecken. Sie schlägt vor, ihn dort aufzutragen, wo auch die Sonne die Haut bräunt: oben auf der Stirn unter dem Haaransatz, oben auf den Wangen und auf dem Nasenrücken.

Sie empfiehlt Creme-Bronzer, weil er sehr natürlich wirkt und tief in die Hautfalten einwirkt. (Mein Favorit ist aus der Les-Beiges-Kollektion von Chanel, einer Produktlinie, die ganz dem strahlenden Bronzeglanz gewidmet ist. Aber jeder Bronzer ist geeignet.) Bronzer in Puderform eignen sich gut zum Auffrischen. Wren empfiehlt, einen flauschigen Pinsel zu verwenden, sparsam anzufangen und bis zum gewünschten Ton aufzutragen. Personen mit reiferer Haut sollten alles vermeiden, das glitzert und funkelt – matt ist viel schmeichelhafter.

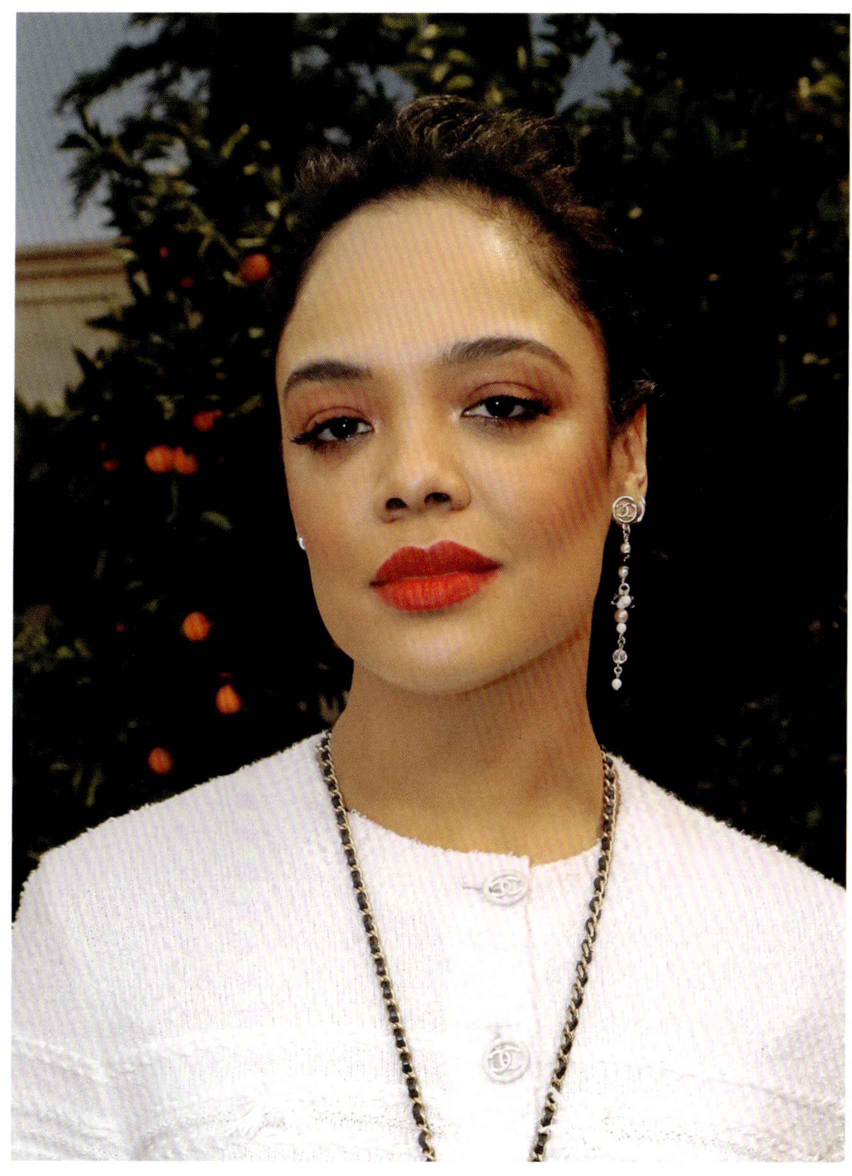

Ein Farbakzent mit Lippenstift

Chanel ist eine große Verfechterin des Schminkens. Ungeschminkt aus dem Haus zu gehen, ist in ihren Augen geschmacklos. Das erklärt auch, warum sie fast immer roten Lippenstift trägt, dessen Kraft sie einmal mit den Worten beschreibt: „Wenn Sie traurig sind, wenn die Liebe Sie enttäuscht, schminken Sie sich, machen Sie sich schön, tragen Sie Lippenstift auf und gehen Sie zum Angriff über."

Natürlich ist sie der Meinung, dass sie etwas Besseres anbieten sollte als das, was auf dem Markt ist. Im Jahr 1924 bringt sie eine hochpigmentierte, cremige Lippenstiftkollektion für ihre Kundinnen heraus und für sich selbst einen Karminrot-Ton: Premier Rouge. Damals wird der Lippenstift in Perlmuttröhrchen verkauft, heute in der unverwechselbaren schwarz-goldenen Hülle mit dem C-Logo. Noch immer gehört er zu den ikonischsten Lippenstiften aller Zeiten.

Roter Lippenstift kann einschüchternd wirken. Außerdem ist er pflegeintensiv: Man muss ihn ständig prüfen und nachbessern. Doch mit der richtigen Technik wird er zum machtvollen Werkzeug.

Hierfür empfiehlt Julia Wren, zunächst Ihren Hautunterton zu bestimmen (wir haben das bereits in Kapitel eins getan). Neben dem Papiertest empfiehlt sie zu prüfen, welcher Schmuck Ihnen am besten steht: Ist es Gold, haben Sie vermutlich einen warmen Hautton, Silber passt zu kühlen Tönen. Wenn Ihnen beides steht, ist Ihr Hautton neutral.

Haben Sie Ihren Ton herausgefunden, zeigt Ihnen der Leitfaden auf Seite 183, welches Rot Sie wählen sollten.

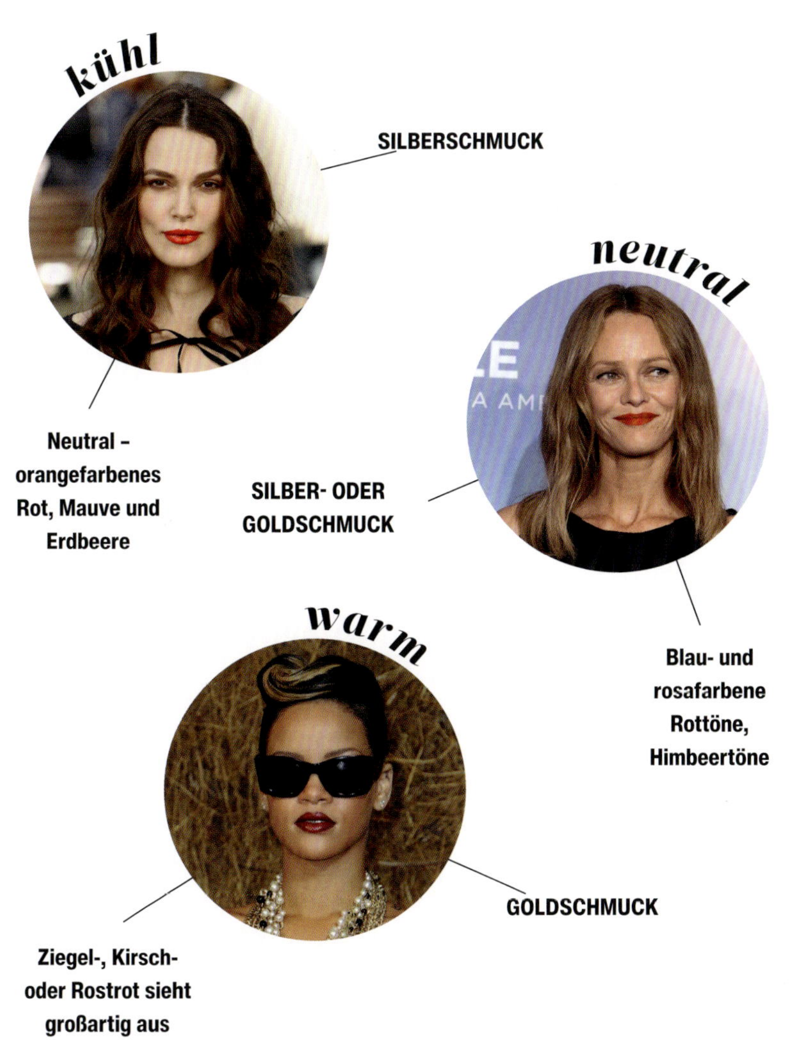
Welches Rot passt zu Ihnen?
kühl
SILBERSCHMUCK
Neutral – orangefarbenes Rot, Mauve und Erdbeere
neutral
SILBER- ODER GOLDSCHMUCK
Blau- und rosafarbene Rottöne, Himbeertöne
warm
GOLDSCHMUCK
Ziegel-, Kirsch- oder Rostrot sieht großartig aus

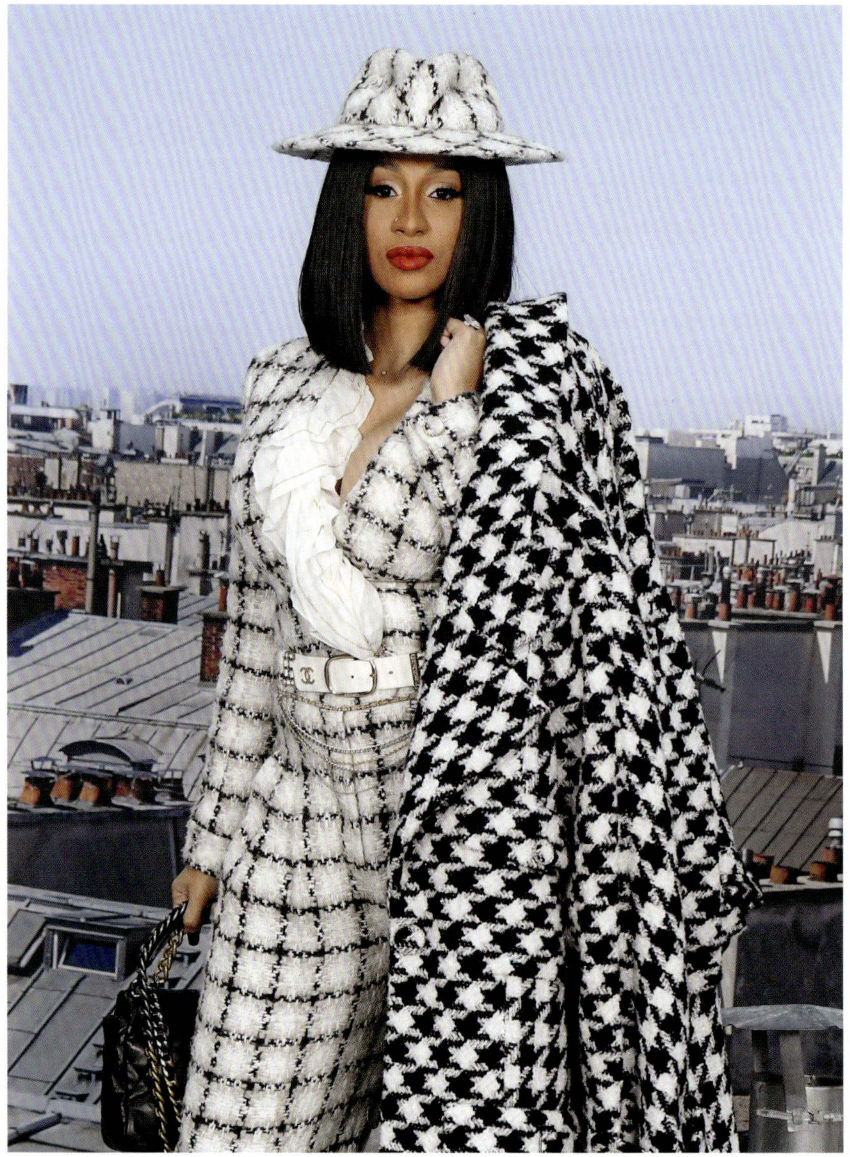

Zusätzlich empfehle ich einen Lipliner im gleichen Farbton. Er bildet eine matte Grundschicht und hilft, den Lippenstift zu fixieren. Abtupfen ist wichtig: Ich tue dies zwischen den Lippenstiftschichten mit einem Taschentuch, um die Farbe optimal aufzubauen.

Und, *finalement*: Genießen Sie es. Roter Lippenstift steht für Party, Glamour, Selbstbewusstsein und Sex-Appeal. Also für alles, was Frauen laut Coco Chanel verdient haben. Solche Lebensweisheiten lassen sich schwer abfüllen, könnte man denken. Doch mit jedem karminroten Stift, den das Modelabel verkauft, lebt die Idee weiter.

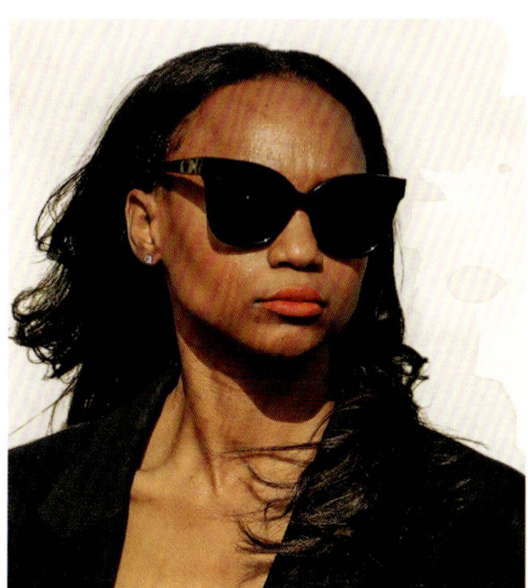

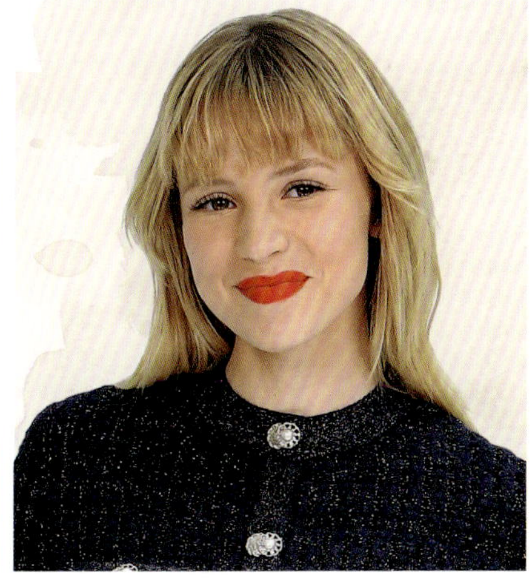

Sie sind nun gut gerüstet, um Ihren eigenen Chanel-Look zusammenzustellen. Dass es Ihr eigener ist, ist übrigens das Wichtigste. Andere zu kopieren oder ihnen nachzueifern, war nicht Chanels Stil. Wie wir wissen, beruhte ihre Ästhetik auf ihren eigenen Ideen. Genau diese Haltung sollten Sie auch einnehmen. Damit will ich sagen, dass Sie die Aussagen in diesem Buch nicht als strenge Regeln auffassen sollten. Lassen Sie sich von Chanels Geschichte und ihren Grundsätzen inspirieren. Werfen Sie einen Blick auf die praktischen Tipps. Schlagen Sie Ihren eigenen Weg ein und geben Sie dem Ganzen Ihren eigenen Twist. Unter all den Stilregeln von Coco Chanel sticht eine hervor, die alle anderen vereint: Sei du selbst.

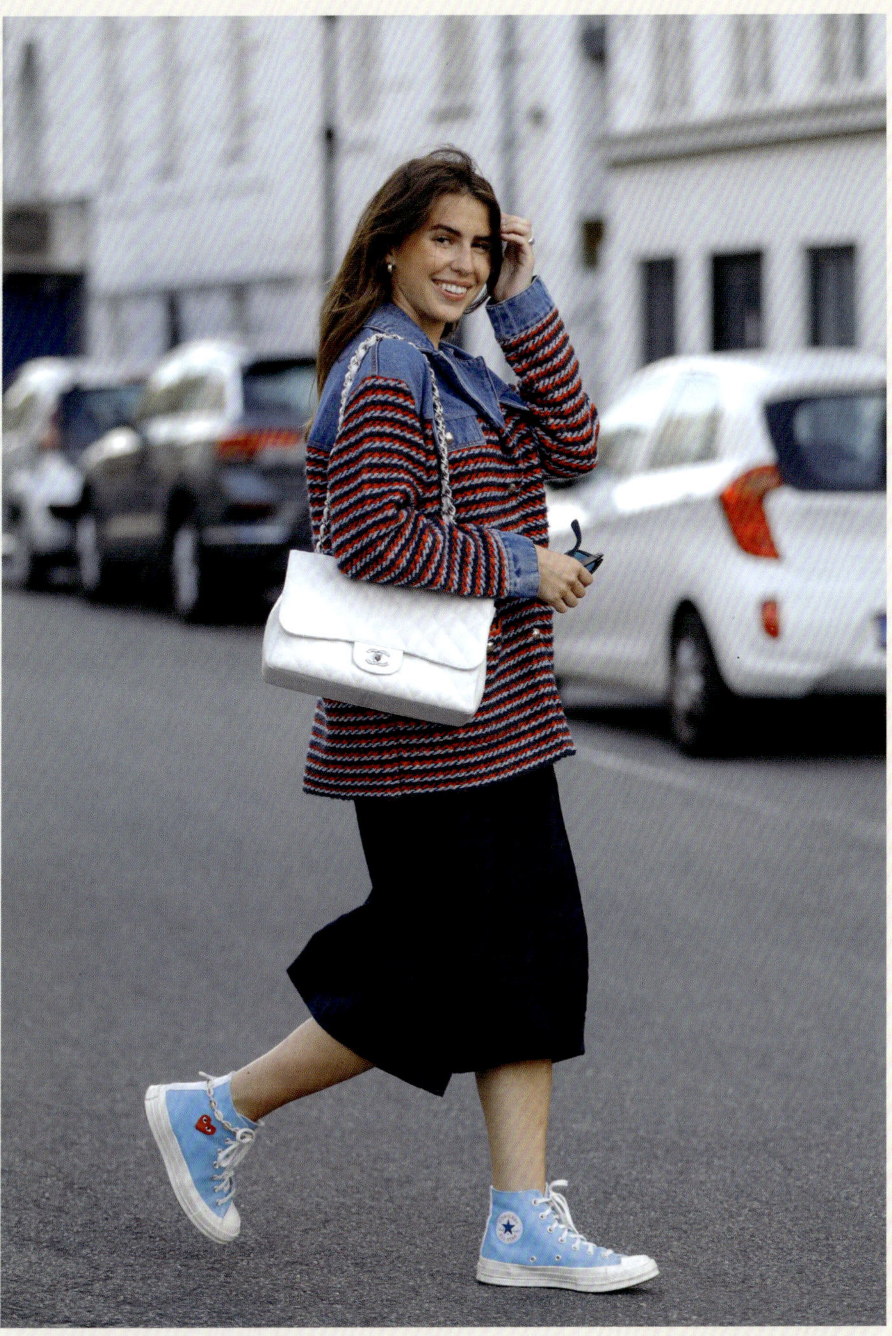

Literatur

Megan Hess, Coco Chanel. Die zauberhafte Welt der Stil-Ikone, München London New York 2023 (9. Auflage)

Coco und wie sie die Welt sah, hrsg. von Patrick Mauriès und Jean-Christophe Napias, München London New York 2021 (2. Auflage)

Emma Baxter-Wright, Little Book of Chanel: Das Leben und Vermächtnis von Coco Chanel, Berlin 2021

Aloïs Guinut: Dress like a Parisian. Der Styleguide für perfekten französischen Chic, München London New York 2021 (3. Auflage)

Megan Hess, Das kleine Schwarze, München London New York 2022

Gabrielle Chanel. Gabrielle ‚Coco' Chanel und ihre wegweisenden Entwürfe, hrsg. von Oriole Cullen & Connie Karol Burks, München London New York 2023

Quellenangaben
Zitiert nach und ins Deutsche übersetzt von Rotkel. Die Textwerkstatt:

Chanel, Coco. Goodreads (www.goodreads.com/quotes): S. 16, 36, 94, 126, 156, 172

Chanel, Coco. Quotefancy (www.quotefancy.com/quote): S. 54

Chanel, Coco. Pearls of Joy (www.pearlsofjoy.com/blogs/blog/famous-pearl-quotes): S. 74

Chanel, Coco, zitiert von Louise Roe, British Vogue: Chanel Gets Toned, 2007 (www.vogue.co.uk/article/chanel-gets-toned; Zugriff 16. Februar 2023): S. 112

Chanel, Coco, zitiert aus Marcel Haedrich, Coco Chanel: Her Life Her Secrets Little, New York 1971: S. 140

Danksagungen

Mein besonderer Dank gilt Ru und Lucinda von Ebury, die an mich gedacht und mich bei diesem Projekt begleitet haben, und Celia, die den Kontakt hergestellt hat (dass ich in diesem Nagelstudio neben dir gesessen habe, wird mich immer mit Freude erfüllen!).

Ich bedanke mich auch bei folgenden Personen: meinen brillanten und lieben Kolleginnen und Kollegen bei der *Times* – Anna, Harriet und Nicola für ihre Ermutigung, Hannah und Sidonie für die moralische Unterstützung und Jane für ihre Ratschläge und genialen Kritzeleien.

Bei Awon Golding, Susan Caplan, Anna Berkeley, Camilla Elphick, Annabel Hodin, Prue White und Julia Wren dafür, dass sie großzügig ihre Zeit und ihr Fachwissen zur Verfügung gestellt haben – ich stehe in ihrer Schuld.

Meinen Eltern, Cheryll und Mike, die mich immer unterstützt und an meine Karriere geglaubt haben.

Und schließlich bei George, der mir in den Monaten und Wochen vor unserer Hochzeit geduldig dabei zusah, wie ich dieses Projekt in Angriff nahm, der mich an den Schreibtisch fesselte, mich unermüdlich von der Seitenlinie aus anfeuerte und all meine Ängste zerstreute: Dafür werde ich dir nie genug danken können.

Über die Autorin

Hannah Rogers ist Journalistin und arbeitet im Moderessort der Londoner *Times*. Sie berichtet über alles, was den Zeitgeist betrifft. Ihr Spezialgebiet: Trends, Mode, „Red-carpet"-Ereignisse und Prominente. Dies ist ihr erstes Buch.

Bildnachweise

Abbildungen mit freundlicher Genehmigung von: Alamy (S. 21 The Picture Art Collection und S. 129 Granger – Historical Picture Archive); Getty (S. 8 Archive Photos; S. 12 Sasha; S. 14 Daniel Simon; S. 18 Heritage Images; S. 23 Gerard Julien; S. 24 Pascal Le Segretain; S. 27 Christian Vierig (oben links), Victor Virgile (oben rechts), Christian Vierig (unten links), Stephane Cardinale – Corbis (unten rechts); S. 28 Dominique Charriau; S. 34 Dominique Charriau; S. 39 New York Times Co.; S. 43 Victor Virgile; S. 46 WWD; S. 47 Antonio de Moraes Barros Filho (links), Francois Durrand (rechts); S. 49 Victor Boyko; S. 50 Thomas Concordia (links), Bertrand Rindoff Petroff (Mitte), Pascal Le Segretain (rechts); S. 52 Stephane Cardinale – Corbis; S. 57 LL; S. 58 Heritage Images; S. 61 Claudio Lavenia; S. 63 Stephane Cardinale – Corbis; S. 64 Stephane Cardinale – Corbis; S. 65 Dominique Charriau; S. 66 Pascal Le Segretain; S. 67 Stephane Cardinale – Corbis; S. 69 Christian Vierig; S. 70 Joe Maher; S. 72 Victor Virgile; S. 80 Jeremy Moeller; S. 83 Pascal Le Segretain; S. 85 Claudio Lavenia; S. 86 Christian Vierig; S. 87 Bertrand Rindoff Petroff (links), Daniel Simon (rechts); S. 88 Antonio de Moraes Barros Filho; S. 92 Dominique Charriau; S. 97 Topical Press Agency; S. 99 Sasha; S. 105 Penske Media; S. 110 Pascal Le Segretain; S. 121 Edward Berthelot; S. 124 Pascal Le Segretain; S. 130 Apic; S. 132–133 Handout (links), Pascal Le Segretain (Mitte), Christian Vierig (rechts); S. 137 Victor Virgile; S. 138 Jeremy Moeller; S. 144–145 Jeremy Moeller; S. 146 Edward Berthelot; S. 147 Jeremy Moeller; S. 150 Streetstyleshooters (links); S. 151 Bertrand Rindoff Petroff; S. 152 Jeremy Moeller; S. 154 Heritage Images; S. 162 Edward Berthelot; S. 165 Thomas Concordia; S. 166 Edward Berthelot; S. 167 Jeremy Moeller; S. 168 Karwai Tang; S. 177 Michael Ochs Archives; S. 181 Bertrand Rindoff Petroff; S. 183 Julien M. Hekimian (oben), Francois Durrand (Mitte), Pascal Le Segretain (unten); S. 184 Stephane Cardinale – Corbis; S. 185 Edward Berthelot (links), Stephane Cardinale – Corbis (rechts); S. 187 Streetstyleshooters); Shutterstock (S. 122 Creative Lab); Unsplash (S. 44–45 Laura Chouette; S. 102 Yves Monrique; S. 117 NajlaCam; S. 118 Harper Sunday; S. 149 Marissa Grootes; S. 150 Vladimir Yelizarov (rechts); S. 170, 174 und 178 Laura Chouette).

Die Originalausgabe ist 2023 unter dem Titel *The Chanel Style Principles* bei Ebury Press, London, erschienen.

This translation is published by arrangement with Ebury Press, an imprint of Ebury Publishing and part of the Penguin Random House UK.
20 Vauxhall Bridge Road,
London SW1V 2SA

Design by maru studio

Cover: Rebekka Sauer, auf der Grundlage des Coverentwurfs der Originalausgabe
Projektmanagement: Andrea Bartelt-Gering
Übersetzung aus dem Englischen, Lektorat und Satz: Rotkel. Die Textwerkstatt
Herstellung: Luisa Klose
Lithografie: Altaimage Ltd, London
Druck und Bindung: C&C Offset Printing Co., Ltd

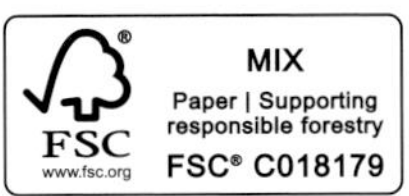

Penguin Random House Verlagsgruppe FSC® N001967

Gedruckt in China

ISBN 978-3-7913-8036-0

www.prestel.de